GAROTA
GAROTA
GAROTO
GAROTA

COMO ME TORNEI JT LEROY

SAVANNAH KNOOP

COMO ME TORNEI JT LEROY

Tradução
Giu Alonso

1ª edição

Rio de Janeiro | 2021

EDITORA-EXECUTIVA
Renata Pettengill

SUBGERENTE EDITORIAL
Marcelo Vieira

ASSISTENTE EDITORIAL
Samuel Lima

ESTAGIÁRIA
Geórgia Cardoso

COPIDESQUE
Daniel Austie

REVISÃO
Marcela Ramos
Ana Clara Werneck

IMAGEM DE CAPA
Yui Mok – PA Images / Getty Images

DIAGRAMAÇÃO
Juliana Brandt

TÍTULO ORIGINAL
Girl boy girl

CIP-BRASIL. CATALOGAÇÃO NA PUBLICAÇÃO
SINDICATO NACIONAL DOS EDITORES DE LIVROS, RJ

K78g

Knoop, Savannah, 1981-
Garota garoto garota: como me tornei JT LeRoy / Savannah Knoop;
tradução Giu Alonso. – 1ª ed. – Rio de Janeiro: Bertrand Brasil, 2021.
210 p. ; 23 cm.

Tradução de: Girl boy girl: how i became JT Leroy
Inclui encarte colorido
ISBN 978-85-286-2315-4

1. LeRoy, J. T., 1980–. 2. Escritores – Estados Unidos – Biografia.
3. Autobiografia. I. Alonso, Giu. II. Título.

CDD: 928.1
20-63054
CDU: 929: 821.111(73)

Meri Gleice Rodrigues de Souza – Bibliotecária – CRB-7/6439

Copyright © 2008 by Savannah Knoop

Texto revisado segundo o novo Acordo Ortográfico da Língua Portuguesa.

Todos os direitos reservados. Proibida a reprodução, no todo ou em parte, através de
quaisquer meios. Os direitos morais da autora foram assegurados.

Direitos exclusivos de publicação em língua portuguesa somente para o Brasil
adquiridos pela
EDITORA BERTRAND BRASIL LTDA.
Rua Argentina, 171, 3º andar – São Cristóvão
Rio de Janeiro – RJ
20921-380
Tel.: (21) 2585-2000,
que se reserva a propriedade literária desta tradução.

Impresso no Brasil
ISBN: 978-85-286-2315-4
Seja um leitor preferencial. Cadastre-se no site www.record.com.br
e receba informações sobre nossos lançamentos e nossas promoções.

Atendimento e venda direta ao leitor:
sac@record.com.br

Contei a história a seguir da melhor forma que pude. Quaisquer erros factuais não foram intencionais. Quando não me lembrei com precisão de detalhes, nomes, acontecimentos ou datas, tentei deixar nítida minha incerteza. Mas esta é minha experiência, narrada com base em tudo de que me lembro.

Sumário

Introdução	9
O Ritz	15
Laura	29
Um, dois, três	49
Haute Cuisine	63
Copacabana	85
Roma	101
Tennessee	129
Tinc	147
Cannes	159
Tóquio	175
Hollywood	185
Garota Garoto Garota	197
Agradecimentos	209

Introdução

Estamos em um galpão vazio em Winnipeg, Manitoba, no Canadá. É o primeiro dia das filmagens para o longa baseado em *Garota garoto garota: Como me tornei JT LeRoy*. Não sei exatamente quem são as pessoas correndo para os monitores; só sei que é o que todos estamos fazendo. Mais tarde, percebo que muitas das que estão ajoelhadas junto às telas iluminadas, tirando fotos com celulares, são chamadas na indústria de Continuístas.

Penso que, de certa forma, também sou uma delas.

Uma Continuísta mantém a realidade do mundo artificial do cinema intacta, preserva a integridade da ficção, certificando-se de que copos não fiquem cheios sozinhos, guimbas não se reconstituam em cigarros e o tempo se mova em apenas uma direção: para a frente. Ao escrever essas memórias pouco tempo depois do fim da experiência de personificar JT LeRoy, tive uma expectativa semelhante: de que as convenções literárias impusessem uma forma linear à bagunça de memórias e emoções aglutinadas e difusas dentro de mim.

Eu queria traçar uma linha que explicasse como fui do ponto A — concordando em fazer uma aparição única como alter ego da companheira do meu irmão na época, a escritora Laura Albert — ao ponto Q — seis anos depois, tão entremeada a esse personagem ficcional e à escritora que mal conseguia pensar em mim mesma sem ele ou sua criadora. Escrever a história a partir das minhas memórias se tornou um processo, não de convencimento, ainda bem, mas de especificidade de um ponto de vista.

O ponto de vista vem da perspectiva e da experiência do objeto. Sim, acabei de me chamar de objeto. Essa é a questão em mergulhar em seu próprio "metamundo" — você se torna uma formiguinha dissociada de si mesma, movendo-se pelo espaço a serviço da história, e todos os detalhes da sua vida estão sempre disponíveis para seleção e utilização no roteiro geral. Às vezes é preciso aceitar que a história acaba atropelando o que se desejaria que fosse um verdadeiro objeto no mundo. Eu me acostumei a me referir a mim mesma — e até a existir — na terceira pessoa, o que se torna, na verdade, tão libertador e limitador quanto a primeira pessoa. Só me vi questionando parâmetros em espaços diferentes.

Minha história é a história de diferentes corpos tentando ocupar um corpo; especificamente, Laura, seu alter ego ficcional, JT, e eu, todos tentando ocupar o *meu* corpo. As coisas se complicam quando não há espaço suficiente. E talvez esse tenha sido o desafio que me fez retornar de novo e de novo para mais experiências como JT. Eu queria saber o quanto esse corpo poderia comportar. Em alguns momentos, como um coro, essas vozes múltiplas se reuniam para dividir uma consciência sincronizada. Em outros, a história é apenas a de uma pessoa tentando se encaixar nos espaços muito específicos da outra; alguém tentando enfiar todas as suas necessidades nos limites de outrem. A história, contada a partir da memória, acaba sendo sobre a bagunça e a complicação da intimidade de duas pessoas, sobre o testar constante das fronteiras uma da outra. Os desejos de Savannah e Laura impulsionam a ação da história — os motivos pelos quais querem o que querem, provavelmente uma miríade de razões patológicas relacionadas ao passado, se tornam irrelevantes. É o que desejam, no presente e no futuro, que as mantém juntas e com JT, e também o que as impulsiona pelo tempo. No momento da revelação, essa atuação fragilmente equilibrada se desfaz. É quando o mundo me invade que descubro os limites do que meu corpo pode conter.

Ao escrever o roteiro da adaptação em parceria com o diretor do filme, Justin Kelly, mais uma vez me vi recontando essa história, sentindo sua forma mutante sob meus dedos. Pequenos problemas — uma emoção exacerbada, uma imagem inesquecível, uma motivação que em algum momento pareceu tão pessoal, mas que agora mal é lembrada — são resolvidos e retraçados, transpondo memórias até que a logística desaparece e as emoções se materializam em uma trajetória única e clara. Eu me afasto das pessoas reunidas em torno do monitor e aproximo a imagem no meu aparelho portátil, surpresa pelos gestos ao mesmo tempo familiares e desconhecidos na tela, a boca tensa e exagerada do autor ficcional de Laura, JT, o joelho dobrado, as mãos erguidas dramaticamente para os céus do empresário/melhor amigo ficcional de JT, Speedie.

Um dia e meio antes do início das filmagens, estou no carro com meu namorado, Lee, atravessando a luz forte e os arbustos baixos das Badlands, na Filadélfia, quando recebo uma mensagem de Justin. Ele pergunta se eu poderia criar algumas frases da prosa do JT para a leitura marcada para a segunda-feira seguinte. Enquanto Lee dirige, pego meu laptop decrépito do banco de trás, estico as pernas no painel do carro e observo minhas meias, sentindo-me desnorteada. Umas frasezinhas de nada. Só isso. Pense em estilo. Pense em... emoção. Tento mover minha mente para o quebra-cabeça literário proposto, algo que indique prosa, mas que não seja prosa em si. Olho pelo retrovisor, as nuvens de poeira subindo atrás do carro. Eu não leio os livros de JT há um tempo, mas eles estão, de certa forma, gravados a fogo no meu cérebro. Tem uma parte, murmuro, em que JT e sua mãe estão em uma *road trip* e ela ordena que ele seja seu copiloto e leia o mapa, embora ele não saiba muito bem como, mas JT tenta mesmo assim para conseguir manter a atenção da mãe por um tempo que seja. Eu olho para a frente. Me preencha, espírito, me preencha com alguma ideia, com *palavras*! Lee começa a dizer algo como *há uma lâmina de luz, um cinzeiro voando*. Vou digitando rapidamente. *E as guimbas espalhadas pelo chão*, palavras saltam como peixinhos dourados de nossas bocas e nós as capturamos, transferindo-as para diferentes reservatórios, como se estivéssemos limpando um aquário. O sol está a pino, a terra tremeluz ao nosso redor como se tudo em volta fosse um lago. *JT as arruma... em fila... toque... um código de cores... em círculos... com anéis, anéis de batom...* Nós derramamos os peixes brilhantes de volta em seu aquário. *Cada tom tem uma necessidade secreta.* Quando alcançamos a estrada principal, corremos pela rodovia recém-pavimentada. A toda, passamos pelos montes de feno frescos. Estamos felizes, prontos para começar outro texto — Lee solta: *Meu bro Lucky está com tudo!*

De repente somos parados por um policial, por dirigir acima do limite de velocidade. Merda! O carro está uma zona, cheio de lixo da nossa vida de atravessar o país de costa a costa. Olho para baixo e vejo que o banco está sujo de chocolate, meus pés patinando em palhas de milho (milho verde é abundante nesta viagem), cascas de laranja, lixo, farelo de biscoito. Por acaso somos brancos, e, não por acaso, o policial nos deixa seguir sem muita confusão.

À noite chegamos a Bowbells, Dakota do Norte, e encontramos o telefone de uma mulher anunciando alguns chalés para alugar. Um vento frio sopra constantemente, como um beijo. Na cama, com a janela aberta, nos abraçamos. Estou acordada. À noite, agora, conforme o vento agita as cortinas sobre nós, ele parece mais insistente, mais urgente, e sinto minha ansiedade aumentando para se equiparar a dele. Os ventos da memória falhando. No futuro e no passado.

Quando escrevi minhas memórias, uma das últimas coisas que Laura me disse foi: "Só porque você interpretou o papel de um autor não significa que seja um autor." Lembrando essas palavras, eu me pergunto se é verdade. É um mistério para mim. Escrever ficção é um espaço para a possibilidade de habitar diferentes consciências. De personificações. Será que escrever existe somente no dizer, ou também pode existir no fazer, no mundo? Correndo pela rodovia com Lee, escrevendo com prazo para entregar, prestes a chegar ao set de filmagens, que era como uma miragem cada vez mais próxima, havia algo naquele momento que parecia... não era exatamente como interpretar um escritor — era como se eu estivesse vivendo em uma realidade não totalmente igual à minha. Como a proposta tinha sido escrever palavras dos outros, eu me senti livre para imaginar e falar com outra voz. Tinha entrado em contato com a alegria de fingir, uma alegria que chega de repente e se vai com a mesma rapidez.

É verdade que o pacto na "página" entre autor e leitor é bem diferente dos termos nos quais indivíduos no mundo interagem. Na terra de JT os limites são embaçados, difíccis de ler, sempre em mutação. Pode haver, de fato, um motivo pelo qual as pessoas evitam "interpretar" esse tipo de escrita/performance *verité no mundo* — e é porque a completa mistura dos limites entre ficção e experiência vivida podem foder totalmente a sua cabeça e a de todos ao seu redor.

Existem outras versões da história, de outros pontos de vista. Tenho uma *vaga* certeza de que a arte não pode ser tudo para todo mundo e, ao contar esta história da forma mais específica de que sou capaz, posso esperar que outros se inspirem para entrar em contato com suas perspectivas individuais.

Garota garoto garota é o retrato da vida de uma jovem (eu) quando uma artista (Laura) vira de cabeça para baixo todos os seus sistemas de crenças e muda como ela pensa o mundo e a criação e a vida para sempre. Minha vida com Laura, com JT, e muitas experiências pelas quais passei desde então me mostraram que um conjunto de normas não funciona para todo mundo. Experiências vividas, sentidas e imaginadas, todas se combinam para construir nossa ideia de realidade. O firme limiar entre verdade e ficção é artificial e sempre vai dar poder a algumas vozes e abafar outras, não importa onde essa divisão seja feita.

Eu tinha certeza de que a realidade era uma completa construção. Hoje em dia, seja porque estou mais velha ou porque eventos recentes na nossa política se mostraram tão fantásticos (e com consequências reais), não tenho mais tanta certeza assim. Citando a personagem

Savannah no filme: "Minha única certeza é de que não tenho tanta certeza." Mas cada vez que revisito esta história sou lembrada de que a verdade é uma realidade construída e formada por muitas fontes, que os momentos mais reveladores e comoventes em geral são uma convergência de anos de inúmeras ações, muitas vezes uma confusão de idas e vindas de inúmeras partes, que raras vezes cabe ordenadamente em uma manchete de jornal.

O Ritz

EU ESTAVA COM ASIA ARGENTO, indo para o quarto de hotel dela no Ritz-Carlton em São Francisco. Ao sairmos de Chinatown, pensei em mudar de destino e pedir ao taxista que nos levasse ao meu apartamento nas planícies. O carro acelerou, raspando o para-choque a cada crista íngreme das colinas, o brilho do centro da cidade desaparecendo na água escura e preguiçosa da baía. Duvido que ela teria aprovado minha cama vagabunda, ou meu namorado, Jonathan, lendo um livro no sofá.

Eu tinha conhecido Asia na Itália no ano anterior e, desde então, estava obcecada. Eu penteava o cabelo, me vestia e preparava minhas refeições com Asia em um cômodo secreto no fundo da minha mente. Quando escolhia uma música, me perguntava se ela aprovaria. Asia esnobava as coisas com um desdém incrivelmente exigente — um balançar de cabelo, um som gutural de nojo no fundo da garganta, emergindo do mesmo lugar de onde vêm risadas ou lágrimas. Certa vez larguei uma carteira de crochê e uma bolsa de couro branco no meio da rua porque ela as olhara com desprezo e dissera: "Você parece uma idosa." Meu rosto ficou corado de vergonha. Só que minha carteira de crochê e minha bolsa branca combinavam comigo, mesmo que não combinassem com ela. Não havia nada que eu admirasse mais do que uma velhinha sentada orgulhosamente no ônibus, mãos enluvadas, chapéu na cabeça, terninho de lã impecável, indo para a agência dos correios ou para a ópera em sua melhor indumentária. E algumas coisas que Asia vestia não me agradavam: babados e rendas, sem falar em uma bolsa de pelúcia cor-de-rosa que sempre usava nos dias que passamos em Roma. Esse estilo extremamente feminino combinava com ela, que desfilava por aí de saltos altos e jeans justos rabiscados com caneta Bic. Ela poderia dar um chute de karatê usando aqueles saltos. Certa vez a vi segurar uma casquinha de sorvete em uma das mãos e dar um salto, pousando tranquilamente na ponta dos sapatos de couro de crocodilo. Tinha acabado de fazer a dublagem de um filme brega com Vin Diesel. Fomos tomar um *gelato* depois disso. Acho que a animação do filme a contagiou.

Era a primeira vez que nos víamos desde os dias que passamos juntas em Roma no ano anterior, e ela só ficaria em São Francisco até a manhã seguinte. Eu queria levá-la para comer sushi, lhe mostrar o Dolores Park e as ameias destruídas na boca da baía, com meus degraus favoritos que se desenrolavam para o oceano. Meu estômago estava embrulhado. Eu mal a conhecia, aquela mulher em que pensara todos os dias no último ano.

Sem dar uma pista sequer do que estava pensando, ela olhou para mim com olhos entreabertos e deu uma tragada no cigarro. Seu rosto mudava constantemente, feminino e recatado em um segundo, raivoso e decidido no seguinte. As luzes da cidade, do lado de fora da janela do táxi, pulsavam em seu cabelo curto bagunçado. A suspensão do carro quicou. Eu não disse uma palavra ao motorista.

O táxi parou, engasgando, e ela revirou a bolsa, uma Fendi que devia custar o mesmo que um ano do meu aluguel. Parecia ter substituído aquela coisa velha de pelúcia cor-de-rosa. Embora fosse pouco conhecida nos Estados Unidos, Asia era uma grande celebridade na Itália. Marcas pagavam para que usasse suas roupas. Olhou para mim e perguntou:

— JT, você tem trocado?

Sua voz era um rosnado, muito mais grave que a minha, e eu invejava o alcance dela. Revirei os bolsos. Pelo menos poderia dar-lhe alguma coisa que era realmente minha.

O porteiro nos deixou entrar. Usava uma casaca e um chapéu alto que faziam com que parecesse a torre de um tabuleiro de xadrez. Atravessamos o saguão a passos lentos. Havia um lustre de cristal no teto e um tapete persa de brocados vermelhos e dourados pendurado em uma das paredes. Apanhei uma maçã verde de uma tigela de cristal e me peguei fantasiando sobre afanar o chapéu do pobre porteiro para impressioná-la. Será que a impressionaria? Se eu fosse um menino de verdade, pensei, talvez fizesse mesmo isso. Mas humilhar o porteiro não era nem um pouco sexy, na verdade. Enfiei uma, duas, três maçãs na minha bolsa. Ninguém da equipe do hotel sequer olhou para mim. Minhas ações se tornavam mais corajosas com ela, como se eu pertencesse ao seu mundo em que ninguém nunca se preocupava em perder meias na lavanderia ou em controlar os gastos semanais com café. Parece que o truque é tratar os próprios privilégios com indiferença.

Eu estava curiosa para experimentar essa tranquilidade que acompanha o dinheiro e a fama, embora não tivesse certeza de que roubar maçãs da recepção do hotel fizesse parte disso. Por outro lado, afanar maçãs definitivamente combinava com a personalidade de JT. Ele era um colecionador, mas o que eu era? Asia se voltou para os botões do elevador, encostando o cartão de plástico na entrada.

— Meu quarto é no enésimo andar — falou ela, animada.

Atravessamos um longo corredor, e observei seu estilo. Eu estava encantada pelas suas contradições. Ela era graciosa e quase aristocrática, mas ao mesmo tempo sabia ser durona e vulgar. Eu já a vira cuspir nos outros, jogar cadeiras e dizer "Vá se foder" com um desprezo impecável. Minha atração por Asia era um misto de desejá-la e desejar ser como ela. Olhei para trás, para a trilha de carpete lilás com a fibra revirada, e a cutuquei com o dedo parado. Asia me lançou um sorriso travesso. Olhei para a maçaneta de cobre, sentindo ao mesmo tempo medo e ansiedade. Tinha esperado por esse momento desde que nos conhecêramos, mais de um ano antes — durante o que em tese fora a turnê de lançamento do meu livro. Ela me dera um casaco do avô e um cinto Gucci vintage. Eu a presenteara com uma calça de montaria, um dos meus primeiros projetos de costura. Tinha botões de cobre com desenho de coroas. Também eram justas demais nos tornozelos e frouxas na bunda e apertavam aquela parte sensível atrás das coxas. Eu torcia para que ela gostasse da calça, porque na verdade não tinha mais nada para dar. Os livros não eram meus — eu não os tinha escrito. Era isso que ela queria de verdade: os direitos cinematográficos do meu livro, ou do que ela achava que fosse meu livro *Maldito coração*.

Rebelde demais para passar a vida beijando tipos como Vin Diesel, Asia estava vivendo de acordo com o legado do seu pai, Dario, renomado diretor italiano de filmes de terror. Ela pagava jantares extravagantes para mim — ostras, vieiras e patas de caranguejo pintalgadas suspensas em ninhos de alga. Ela me ensinou a nunca brindar sem olhar nos olhos do convidado, uma antiga tradição italiana para identificar traidores. Eu me encolhia toda vez que erguia a taça e dizia: "Salud." Ela também me ensinou que, ao ver ovelhas — e vimos muitas ovelhas naquela viagem —, eu deveria balançar os dedos como se quisesse me livrar de algo grudado neles, para atrair dinheiro. E quando alguém derramava vinho, o certo era passar atrás das orelhas, como perfume. Eu não me lembro mais do motivo. Fazia porque ela mandava.

Na minha última noite em Roma, Asia deitou no nosso edredom estampado de rosas e eu comecei a fazer uma massagem nas suas costas, apertando seus músculos fortes com meus dedos gordinhos. Tinha herdado as mãos do meu pai, pequenas e grossas, como as de um ogro. Trepadeiras nas janelas evitavam que a luz da rua chegasse ao quarto, espalhando um cheiro de mofo e alho frito. As buzinas e sons do trânsito lá fora ecoavam, tornando o silêncio entre nós ainda mais obtuso. Ela gemeu quando pressionei um nó em suas costas.

Minha cunhada, Laura, estivera lá. Ela nos observara de esguelha enquanto jogava roupas e revistas de um lado para o outro, preparando-se para fazer as malas. Laura era a autora dos livros de JT. O processo envolvia reempilhar tudo monologando. Estava embrulhando presentes para o filho, "Thor", como era conhecido no mundo de JT. Laura era chamada de Speedie.

— Temos caminhões italianos para o meu menino, Thor. Meu bebezinho. Ela pode fazer engarrafamentos italianos. Talvez a gente possa enviá-los amanhã, antes de sair. Talvez o *concierge* possa fazer isso. Não, provavelmente vou ter que ligar para a Simone. Você tem o telefone da Simone, Asia?

Asia resmungou.

Embora Laura não estivesse de fato falando com a gente, eu ficava feliz com a conversa-fiada. Não me sentia muito à vontade com o silêncio. Minha preocupação era que ele significasse que Asia e eu não tínhamos mesmo muita coisa para conversar.

Laura era pálida, olhos astutos, nariz e queixo finos, e cachos largos emoldurando o rosto. Quando Asia resmungou, Laura apertou a barriga por cima do vestido estampado simples, murmurando:

— Ah, que fofura, vocês!

Laura tinha perdido muito peso desde o início da viagem, mas ainda usava os mesmos dois vestidos de sempre. Ficavam largos, como se pertencessem a outra pessoa.

Senti o corpo de Asia estremecer quando Laura disse isso. Assim que se conheceram, Asia jogou Laura para escanteio como se ela fosse um peso morto, uma assistente de luxo. Toda vez que Laura falava qualquer coisa, Asia fazia algum comentário desdenhoso. O da vez foi:

— Isso não é para a sua diversão.

— Ah, tem certeza? — retrucou Laura.

Fiquei irritada, lembrando ocasiões passadas em que amigos me ofuscaram. Ali Laura agia como se quisesse mostrar a Asia quem era a pessoa realmente talentosa ali. Então, chamei Asia para sair comigo.

Laura insinuara muitas vezes que tinha escrito os livros de JT. Em certo ponto da viagem, a gente chegou a ter certeza de que Asia sabia, porque, depois de irmos a Milão juntas, ela se ofereceu para nos colocar em uma suíte do "Hotel Laura". Em retrospecto, deve ter sido só coincidência.

Na tentativa de impressionar Asia, Laura citava famosos. Com o tempo, incluía Bono, que adorava os livros; Michael Stipe, que disse a JT que, em certo momento, é preciso simplesmente parar de receber cartas de fãs; Madonna, que falou com JT pelo telefone; e Shirley Manson, que escreveu uma música para os livros de JT chamada "Cherry Lips" e que achava que Laura deveria escrever as letras das próprias músicas, e não JT, porque isso a empoderaria. A lista de admiradores de JT era longa e impressionante. Não para Asia, porém — eram todos *mainstream* demais para ela. Enquanto Laura buscava algo que pudesse capturar a atenção de Asia, esta tentava me afastar da companhia de Laura. Eu me via em cima do muro, como a Suíça. Na época, não entendia Laura; gostava dela, mas meio que não queria gostar. Obviamente estávamos juntas naquele trabalho, então era melhor permanecer leal, mas eu gostava de sentir que Asia sempre queria apenas a minha companhia. Como Laura não bebia e não suportava o cheiro de cigarro, Asia nos levava a bares. Não era difícil convencer Laura a voltar para o hotel. Ela ia embora de táxi enquanto Asia e eu ficávamos batendo papo, bebendo e fumando.

Até certo ponto dava para ver que Laura gostava que Asia e eu flertássemos. No entanto, também havia algo em seus olhos que dava a entender o quanto ela odiava que eu a mantivesse à margem. E era verdade. Eu ficava silenciosamente ambivalente quando editores sugeriam que Laura comprasse as próprias passagens para viajar com JT. Criavam caso quando ela precisava parar para usar o banheiro ou quando tinham de comprar chiclete para nós duas. Era fácil seguir a deixa dessas pessoas e guardar rancor. Eu definitivamente comecei a me ressentir do fato de que estava fingindo ser alguém que não tinha nada a ver comigo, representando algo que não havia criado.

Laura continuou seu monólogo.

— E aqui tem uma coisinha para o Astor. Queria tanto que ele tivesse vindo nessa viagem com a gente.

— É — respondi, tensa. — Isso teria sido bem legal.

"Astor" era o marido de Laura: meu irmão, Geoff. Ele criava as músicas da banda dos dois. Laura era chamada de Speedie, um apelido do seu alter ego, Emily Frasier, uma judia da classe trabalhadora de Londres que fizera amizade com JT nas ruas na adolescência e cantava para a banda para a qual JT compunha.

Asia estava com a cabeça apoiada na cama. Percebi que Laura, sem alarde, tinha jogado na pilha de "mandar de volta para casa" um uniforme de futebol da Itália que Asia comprara para Thor. Fôramos juntas a uma loja especializada, e Asia e eu escolhemos meiões de futebol listrados em vinho e branco para combinar. Em geral Laura teria agradecido de novo ao empacotar o uniforme tamanho infantil. Sempre era muito educada em relação a presentes. Só que, dessa vez, não havia falado nada.

A sensação de impaciência, de querer largar Laura, me dominou. Meu sentimento era de que Asia e eu sempre estávamos sendo supervisionadas, o que me envergonhava. Laura não parava de censurar minhas palavras, em uma vigilância constante da minha voz e dos meus verdadeiros desejos.

Avisei a ela de novo que íamos sair.

— Lá vão vocês me deixar aqui sozinha de novo, não vão? Só não demorem muito porque ainda temos uma tonelada de troços para guardar.

Saímos do quarto e atravessamos a rua para um parque de figueiras, enfileiradas e podadas tão rigorosamente que os galhos tinham todos o mesmo tamanho.

Quando estávamos sozinhas, quis dizer a Asia que não era realmente um ex-garoto de programa transgênero que virou escritor chamado JT LeRoy. Ela devia ter entendido. Ainda assim, eu não podia sabotar Laura; ainda mantinha alguma lealdade a ela. E havia outra coisa me impedindo também. Eu não tinha ideia se Asia se sentia atraída por mim — meus olhos, as coisas que eu dizia, minhas preferências e paixões — ou só pelo menino prodígio que eu fingia ser.

Passeamos devagar pelo parque. O ar estava quente e úmido.

— Sabe, esses prédios são muito antigos — comentou Asia.

Alguns postes de luz ornamentados zumbiam ao longo de caminhos de cimento em torno do que parecia uma estufa, seu vidro opaco e de um branco azulado, brilhando fracamente, como larvas. Botões do que pareciam ser narcisos brotavam à meia-luz em jardineiras baixas bem cuidadas. — Ao longo do parque há muitas ruínas. Quando passar lá, você verá prostitutas como as que vimos ontem.

Na noite anterior, depois do jantar, Laura, Asia e eu voltáramos para o hotel no conversível preto dela. Quando paramos na entrada do parque, garotos e travestis surgiram da escuridão, alguns se apoiando na mureta de pedra. Um deles, de porte físico delicado, tinha a cabeça raspada e um brinco na orelha, além de se mover de um jeito vulnerável — eu deveria ser como ele. Senti que todas nós o percebemos, embora ninguém tenha falado nada. Ele parecia destacado dos outros, como se sentisse dor. Embora eu nunca desejasse algo assim para ninguém, tenho que admitir que invejei como nos fixamos nele. E pensei em como é estranho quando se conhece alguém e quer devorar aquela pessoa, consumir sua história, que sempre parece mais importante e mais profunda que a sua. Em certos momentos da minha vida desejei ser mais neurótica, menos passiva e emocionalmente hesitante. Desejei que algo extremo tivesse acontecido comigo, algo que me tornaria, também, mais extrema. Fiquei me sentindo vazia e chata. Tanto Laura quanto Asia tinham uma história própria.

A sombra comprida das árvores se esticava pelo gramado aparado. Havia um aroma doce e pesado no ar. Encontramos uma fonte de mármore e segui Asia até ela. Enfiei a boca sob a cabeça do leão e bebi a água fria e iluminada, sentindo-a escorrer garganta abaixo. Olhei para o céu noturno e contei as poucas estrelas visíveis sob a luz da cidade. Então, como dois ímãs se atraindo sem esforço, estávamos cara a cara. Seu rosto se embaçou conforme fui fechando meus olhos, às piscadelas. Nos beijamos. Eu ouvia o gorgolejar suave da fonte, os ruídos de um animal passando pelas plantas. Sentia o ar frio acima das nossas cabeças. Ela mascava chiclete de canela.

Laura saiu do quarto e nos chamou, a voz aguda e quase cômica:

— JT! JT?

Então nos afastamos. Eu ainda não tinha feito as malas.

— Bem, acho que te vejo em breve — disse Asia com a voz grave.

— Te ligo — respondi, pensando: "Espero que eu te ligue", mas também pensando: "Alguém vai te ligar, provavelmente a Laura."

Asia começou a se afastar, sem despedidas sentimentais.

— Ei, Asia!

Ela se virou de novo, na ponta dos pés.

— Fico muito feliz de ter te conhecido — completei.

— Eu também.

Agora, um ano depois, no Ritz-Carlton, eu me via sentada sem jeito na beira da cama, amarrando meus cadarços. Eu a toda hora tentava me convencer de que essa era minha última e melhor oportunidade para contar a Asia sobre minha outra vida, a vida em que não finjo ser um autor aclamado. Queria dizer a ela: Eu sou Savannah, uma ex-estudante de 22 anos que largou a faculdade. Não tinha nenhum escrito para lhe oferecer, só minhas poesias bregas. Parecia a hora certa. Ela tinha os direitos para a adaptação cinematográfica do romance de JT *Maldito coração*. Logo começaria a escrever o roteiro.

Eu me levantei e olhei em seus olhos. O que ela pensaria se eu confessasse? Se ela descobrisse como eu era comum — uma garota que odiava o som da própria voz, que odiava sua aparência —, será que ainda iria me querer?

Deixei rolar o sotaque da West Virginia e falei:

— Ah... eu, hum, tomo hormônios há anos.

Ela deu de ombros e falou:

— E...

Seu sotaque italiano tornava a palavra menos uma pergunta e mais um início de oração. Não acho que ela tenha acreditado, mas manter a mentira servia a nós duas, e isso de alguma maneira diminuía o absurdo da situação toda.

— Eu... ah... Bem, minha mudança de sexo está finalizada agora... Foi um... trabalho completo.

Ela deu um sorriso astuto. Olhei para os meus pés, meu dedão abrindo um buraco na meia.

Então ela tirou a camisa apertada, contorcendo-se toda, e a jogou em uma cadeira. Em seguida, caiu quicando na cama e tirou a calça jeans. Asia tinha um jeito abrupto, uma atitude muito vamos-logo--com-isso. Eu tirei, devagar e com vergonha, minha blusa também. Olhei para baixo, para a faixa de compressão apertando meus seios e de repente me senti muito idiota. Pelo menos, pensei, minha menstruação não tinha descido.

— Sabe, eu fiz a operação, mas não quero que todo mundo fique sabendo. Então ainda faço isso. É pessoal. Não é da conta de ninguém.

Ela deu de ombros de novo, como se para ela tudo bem.

Eu sempre me impressionava com o que as pessoas aceitavam vindo de JT — seu comportamento estranho, sua passividade, suas idiossincrasias. Algo me dizia que Asia não teria sido tão generosa com Savannah; não era com Laura.

Asia me ajudou a tirar a faixa de compressão. Não parecia um ato sedutor. Vi o reflexo obscuro de JT na porta de correr do quarto de hotel, com os abajures ao lado da cama brilhando por trás de seus ombros encurvados.

Ficamos sentadas na beira da cama de calcinha: eu na minha de algodão branco, ela em uma de renda azul-claro, sensual. Uma tatuagem de anjo se derramava pelo seu baixo ventre, esticando as asas negras no osso do quadril. Ela bateu de leve no cobertor, chamando-me para perto. Olhei minhas coxas, que se achataram um pouco quando me sentei. Pareciam imensas comparadas às dela. De repente fui até a janela e fechei as cortinas, tendo um último vislumbre de nós. Asia estava olhando para mim. Ela se inclinava, apoiada na palma das mãos, um joelho dobrado, com o calcanhar embaixo da outra perna, pendurada para fora da cama. Vi que meu topete tão cuidadosamente arrumado havia desmoronado, cobrindo o cabelo mais curto em volta.

Eu ficara bem animada na primeira vez em que mostrara para ela meu cabelo de verdade, em vez da peruca loira que JT sempre usava. Era curto, com uma franja desfiada e uma parte comprida em cima, mechas tosquiadas em volta das orelhas. Não era exatamente bonito; eu achava que compensava meu queixo fraco, mas era um corte interessante. Naquele dia, na casa dos avós de Asia, eu implorei que ela aparasse as pontas em uma das muitas tentativas de passarmos algum tempo sozinhas. Sua filhinha, Ana Lou, também tinha vindo junto. Passamos a tarde ensolarada no topo de uma colina árida, brincando na grama. Esperamos até Ana Lou ir dormir. Enquanto ela cortava meu cabelo, me dei conta de que só levaria alguns minutos. Precisava de uma distração melhor. Assim que ela terminou, Ana Lou acordou.

— Está bom assim? — perguntou, correndo porta afora.

Ela era mãe em primeiro lugar.

Agora, porém, com os braços embaixo da cabeça e esticada no edredom de penas do Ritz, não havia nada para nos segurar. Deitei na cama com ela, de lado, tão perto que conseguia sentir seu calor. Ela se inclinou e arranhou meu braço pálido com os dentes, então agarrou meus quadris e sussurrou rouca:

— Queria ter um pau.

Eu parei; o que exatamente ela queria dizer? Estava desejando ter uma cinta peniana? Achava que o sexo era sem graça sem um pinto? A parte depreciadora do meu cérebro me disse que ela simplesmente não gostava de garotas. Em retrospecto, acho que ela só estava tentando agradar a JT, dar a ele o que achava que ele queria. Mas ela achava mesmo que eu era JT?

Àquela altura os papéis usuais de quem tomava a iniciativa e quem esperava já tinham sido totalmente distorcidos; era esquisito começar. De muitas maneiras, eu só queria acabar logo com essa primeira vez por estar tão nervosa, me sentindo tão pressionada. No fundo eu queria que ela me convidasse para ficarmos juntas em Los Angeles enquanto escrevia o roteiro do filme. Eu nos imaginava transando em diferentes sofás de couro: um bege, um marrom, um preto executivo, roupas jogadas em pilhas pelo chão, taças de champanhe pela metade, abandonadas no piano. Asia me apresentaria a um reino de sexualidade inimaginável. Eu sonhava em me atracar com ela, beijando e mordendo da orelha ao sovaco ao dedão. Queria pegar suas mãos, suas lindas mãos, e enfiá-las na minha boca devagar como uma jiboia se alimentando, absorvendo cada nó daquela pele translúcida entre os dedos. Queria transar ao ar livre, apoiada em muros, em parques, em lagos artificiais. Eu já tinha sonhado em penetrá-la, mas não com uma cinta. Na minha fantasia, sentia suas paredes trêmulas, emanando calor. Levaria tempo para alcançar esse nível de entrega. Teria que baixar minhas defesas, ficar confortável com ela.

Da minha bolsa, tirei despreocupadamente um CD, fingindo que estava ali por acaso. Coloquei no aparelho de som e perguntei:

— Você gosta disso?

Eu não acreditava que estava vivendo um dos momentos que tinha experimentado tantas vezes na minha cabeça.

Um dos meus discos favoritos, *Sketches of Spain*, começou a tocar, a bateria austera crescendo até trompas militares no nascer do sol. Ela de repente foi até o aparelho de som e desligou a música.

— Não gostei.

Envergonhada, logo atalhei:

— Ah, tudo bem, eu tenho outro.

A cítara e a harpa delicadas do álbum *Journey in Satchidananda* de Alice Coltrane pareciam gotas de chuva pingando dos telhados no meio de uma tempestade tropical. Ela gostava disso? Assentiu. Eu a olhei nos olhos e pela última vez fiz um pacto silencioso de que lhe contaria a verdade, mas depois. Eu contaria na próxima vez que nos víssemos.

Começamos a nos beijar devagar. Ela disse:

— Eu sou tão tímida, JT. Não sou como você acha.

Coloquei uma das mãos em suas costas, entre as omoplatas. Ali estava ela, exatamente como sempre imaginei. Eu beijei sua clavícula, maravilhada pelos músculos trêmulos do seu torso.

Devagar começamos a apertar, empurrar e desmanchar uma à outra. Escorreguei as mãos pelos músculos tensos de suas costas, correndo as palmas pelas covinhas da sua lombar e juntando os dedos. Eu queria abraçá-la por todo o tempo possível. Ela respirou fundo, seu cabelo volumoso deslizando sobre o rosto. Ela sussurrou:

— Você é lindo, JT.

Estremeci com suas palavras. Ali estávamos, toda possibilidade de disfarce e imitação por fim abandonada. No nosso estado nu, eu tinha esperado que chegássemos a um lugar de honestidade e verdade. No entanto, me senti presa, ainda me perguntando para quem aquelas palavras eram dirigidas. Senti a passividade de JT — ou era a minha? — se fechando ao meu redor como uma cortina de veludo, a realização das minhas fantasias se evaporando. Não havia realmente experiência — até mesmo aquela tão íntima — que garantisse autenticidade. Se Asia soubesse que no fundo não havia JT, logo se cansaria de mim e passaria para outra pessoa, alguém que não fosse tão distante, tão falsa. Se não percebesse o que estava acontecendo — se acreditasse que as cirurgias haviam mesmo ficado sofisticadas àquele ponto, se ainda achasse que eu era um menino que se tornou uma menina ainda fingindo ser um menino —, eu não estava causando impacto nenhum nela. Mas era isso que eu tinha lhe contado. De qualquer forma, eu estava presa.

Na manhã seguinte, a luz se infiltrou pelas fendas das cortinas. Na aurora a cama brilhava, branca, trêmula como uma miragem. Os lençóis do hotel eram tão justos na cama que não havia onde enroscar meus pés. Seu cabelo bagunçado cheirava a óleo de amêndoas doces, tabaco e xampu barato. Seu rosto estava enterrado em uma pilha de travesseiros, e seus cotovelos, bronzeados e enrugados como a pele de um elefante, torciam-se para fora das cobertas como se ela estivesse se preparando para cair. Ergui a mão e apertei meus lábios, me sentindo tão desorientada que mal percebia os lençóis sob meu corpo, só uma sensação cálida de flutuar.

Laura

QUANDO CONHECI LAURA, EU ESTAVA EM CASA, nas férias de inverno do colégio interno. Geoff e ela já estavam juntos havia alguns anos, mas a família não se encontrava muito. Naquela ocasião, porém, todos se reuniram para um tipo de ceia não tradicional de Natal judeu na casa da mãe de Geoff, uma construção vitoriana modesta no topo de Noe Valley, em São Francisco, que ela e John tinham comprado em meados dos anos 1960.

Um pouco de histórico familiar: meu pai, John, casou com sua namorada de escola, Judy, e teve três filhos — Tanya, Michelle e Geoff. Os pais de Judy não gostavam do fato de meu pai não ser judeu, então os dois fugiram para a Espanha. Quando o dinheiro acabou — a poupança da faculdade que ele decidiu usar para a "universidade da vida" —, meu pai se mudou com a família de volta para os Estados Unidos, acabando por ficar em São Francisco. Quando Geoff tinha 2 anos, John deixou Judy para ficar com minha mãe, Sharon, uma estudante de artes plásticas do San Francisco Art Institute. Por volta dessa época John queimou seus escritos e começou a filmar a vida com sua câmera 16mm. Eles faziam longas viagens para filmar dunas ou balões de ar quente. Depois de um tempo, eles se mudaram para um loft ao sul da Market Street. Sharon engravidou da minha irmã Hennessey, depois de mim, e John continuou trabalhando em seus documentários. Minha irmã mais velha e eu fomos fruto dessa relação volátil, que já tinha acabado quando completei 7 anos.

Na noite em que conheci Laura, Judy tinha preparado um banquete elaborado. Sem perceber que seria um jantar formal, nossa parte da família chegou muito atrasada. Além dos filhos dela, de seus respectivos interesses amorosos e nosso pai, Judy tinha convidado Hennessey, seu noivo Richard, minha mãe e eu.

Sentada à mesa coberta pela toalha de renda, observei Laura, a mais nova integrante do clã. Ela tinha uma aparência clássica, como uma leiteira holandesa de uma pintura de Rembrandt — bochechas cheias e rosadas, pele clara, lábios finos e cachos angelicais surgindo por baixo do gorro de crochê. Usava um vestido decotado com estampa florida, e sua pele era tão translúcida que dava para ver as veias no seu peito sob o colar de correntes delicadas.

Percebi que ela comia com determinação. Enfiava comida na boca sem parecer sentir o sabor, como se estivesse esfaqueando-se com o garfo sem nem sentir. Não era gorda, mas também não era magra. Àquela altura, eu sabia do que estava falando: tinha um distúrbio alimentar e sabia bem reconhecer meus iguais. Dei uma olhada para Geoff, sentado ao lado dela, mastigando cuidadosamente um pedaço de batata-doce. Ele devia saber das compulsões dela. Depois, eu veria ele cuidando de Laura, gentilmente dizendo que ela não precisava comer a caixa inteira de chocolates, que eles não iriam a lugar nenhum.

Geoff era um roqueiro new age maluco por rotina saudável, preocupado com radicais livres, exposição ao sol e germes. (Ele e Laura compartilhavam uma obsessão com a toxicidade do planeta.) Embora não tivéssemos passado muito tempo juntos na infância, eu me aproximara dele no verão anterior. Geoff tinha arrumado um emprego como entregador de pizza perto da casa da minha mãe e muitas vezes nos visitava antes de começar o turno. Sempre pegava meu violão e tocava alguma coisa, enchendo a casa com sua última composição. Era apaixonado por música, um guitarrista talentoso, e queria ser músico desde criança. Tinha crescido nos anos 1970 e adorava rock, especialmente punk rock, mas vinha trabalhando em músicas com ritmo e letras mais contagiantes, tentando escrever um hit. Geoff parecia vibrar com o otimismo de alguém que sabe que, contra todas as probabilidades, vai se tornar um grande artista.

Naquela época ele gostava de usar calças e camisetas largas de algodão, de preferência orgânico. Passava muito tempo na sua horta comunitária, plantando batatas-roxas, manjericão fresco e alecrim. No verão, colhia blueberries e vendia na Rainbow Foods, um mercado cooperativo de comidas saudáveis. Também sustentava a carreira musical vendendo filtros de água MultiPure. Costumava vendê-los em feiras de rua e com o boca a boca. Com uma expressão honesta, as sobrancelhas levemente erguidas, ele explicava como o filtro de carvão denso removia mais chumbo, arsênico e cloro que qualquer outro filtro no mercado. Ele vendeu um para cada parente. Certa vez, reza a lenda, recebeu uma ligação de uma mulher de voz sensual, que precisava de alguém para consertar seu filtro de água. Ela, que havia encontrado aquele número nas páginas amarelas, agora estava sentada ao lado dele à mesa de Judy.

Laura me contou que percebera que Geoff era bonito logo naquela primeira ligação. Era alto e tinha cabelo ondulado castanho-escuro e olhos amendoados emoldurados por sobrancelhas marcantes. Seu corpo era naturalmente musculoso e ágil, e ele se movia de um jeito malemolente e flexível, como se tivesse molas nas juntas. Na história do primeiro encontro deles, Laura contou que, para evitar qualquer avanço, tinha falado para Geoff que namorava uma mulher. Enquanto ele consertava o MultiPure — gentilmente desatarraxando o filtro, verificando se havia sedimentos na parte de dentro da tampa —, eles encontraram uma ligação por meio da música. Os dois tinham crescido ouvindo Dead Kennedys, The Clash, Sex Pistols, Bad Brains e The Avengers. Seus interesses eram tão similares que ele perguntou se ela queria escrever algumas músicas com ele. Na primeira sessão os dois escreveram duas músicas juntos.

Conhecendo Geoff, consigo imaginar como ele se aproximou dela — sua voz suave, a cabeça baixa, sem olhá-la nos olhos. Seu jeito era sempre muito doce e educado. Laura depois me explicou: "Quer dizer, eu não era imensa, mas Geoff era o tipo de cara que sempre ficava com as garotas mais bonitas. Eu lembro que no nosso primeiro encontro ele deitou a cabeça no meu colo. Apesar de eu estar pouco à vontade, suando, me recusei a mudar de posição." Na época, Laura estava trabalhando em seus problemas, lidando com a abstinência de comida.

Judy não foi com a cara de Laura de início. Embora eu nunca tenha perguntado o que a incomodava, dava para adivinhar. Laura exigia a atenção de todos, estivesse em uma reunião ou em uma festa. Parte dela estava sempre tentando convencer todo mundo ao seu redor de que ela era uma força da natureza. Era talentosa, inteligente e extrovertida. Não se importava com quem ofenderia para provar seus argumentos. Nunca deixava ninguém a ignorar, não aceitava não como resposta, não ficava quieta só para se encaixar.

Geoff e Laura foram morar juntos e começaram uma banda chamada Daddy Don't Go. Para pagar as contas, trabalhavam em uma central de sexo por telefone. As músicas entravam em compilações para sites pornográficos, e Laura usava seu poder de persuasão para conseguir imprensa no *Bay Guardian* e em outros jornais alternativos. Eles faziam também propaganda da banda nas ruas. Enquanto Geoff esperava no carro como vigia, Laura colava lambe-lambes em viadutos, tapumes e todos os postes à vista. Os shows sempre lotavam, mas nenhuma gravadora os contratou. Quase imediatamente depois de começar a namorar Geoff e dar o pontapé inicial na banda, Laura abandonou a abstinência e voltou a comer compulsivamente. Ela odiava a pressão de ser a cantora da banda e certa vez me disse que seus hábitos alimentares se resumiam em uma alternância constante de jejum e compulsão.

Sob a luz das velas, o garfo de Laura brilhava ao ser levado à boca repetidas vezes. Uma fileira de argolas prateadas cascateava de sua orelha. O resto do clã estava irritado por ter esperado tanto tempo por nós. Dando uma pausa, Laura comentou com Hennessey:

— Sabia que acabei de me formar no curso de piercing?

— Sério? — Hennessey pareceu aliviada por poder falar de algo além do nosso atraso.

— Eu coloquei um piercing na língua de um cliente semana passada — contou Laura, animada. — Não existe nenhum outro músculo no corpo que se possa atravessar assim.

— Coloca um piercing na minha sobrancelha? — implorei.

— Savannah! — exclamou minha mãe.

Eu já tinha colocado um piercing no umbigo, e ela caiu no choro quando viu.

Hennessey tentou mudar de assunto.

— Então, como está a banda?

Foi Geoff quem respondeu:

— Adam, nosso baixista, acabou de ter um bebê. Está difícil manter todo mundo junto.

— Mas a gente participou daquela parada do Ciberorgasmo, que foi bem legal — comentou Laura.

— Ciberorgasmo? O que é isso? — perguntou Hennessey.

— É uma compilação de rock erótico. A gente só tem uma música no disco — completou Geoff rapidamente, tentando não olhar para a mãe.

— É — foi dizendo Laura —, foi bem legal receber um cheque da Warner Bros., mas eles não pagaram muito. Ainda tenho que fazer telessexo para, sabe, pagar o aluguel.

Judy e as irmãs de Geoff ficaram tensas, o ambiente, carregado.

— Então, Laura, conta pra gente. Qual foi a ligação mais esquisita que você já recebeu? — perguntou Richard, o noivo de Hennessey (ele era advogado e não conseguia evitar fazer perguntas).

Laura deu uma risadinha meio sedutora e respondeu:

— Elas são todas esquisitas. Ultimamente, todo mundo está a fim de plugues anais.

— Plugues anais? — perguntou Sharon, genuinamente perplexa. — O que é um plugue anal?

— É como se fosse uma arvorezinha de Natal — respondeu Laura — que você enfia no cu.

Meu pai, John, se recostou, balançando ligeiramente nas pernas de trás da cadeira. O rosto estava um pouco vermelho do vinho, e dava para perceber que ele achava Laura engraçada — mas também estava avaliando-a do seu jeito quieto.

— Ah, com certeza tem um cara que se destaca, Laura — insistiu Richard. — Por favor, conta pra gente a ligação mais louca que você já recebeu.

Laura parou de comer e revirou os olhos.

Tanya e Michelle, as irmãs mais velhas de Geoff, começaram a recolher os pratos. Enquanto isso, ele baixou a cabeça, envergonhado, e cortou os restos do peru em pedaços bem pequeninos.

— Bem — começou Laura. — Tem o cara das 22h. Ele é um sujeito mais velho, do Sul, sempre quer garotas negras. A fantasia dele é ser assado vivo na churrasqueira e comido por duas garotas em um evento da igreja. — Ela forjou um sotaque agudo sulista. — Agora ele está no espeto e te digo que tá muito seco, precisa de mais molho no lombo!

O nome de telessexo de Laura era Letisha. O que ela não comentou, em respeito à mãe e às irmãs de Geoff, era que o nome dele era Kaisha — ele interpretava a irmã de Letisha nesse churrasco da igreja. Ainda assim, Judy se levantou e foi ver alguma coisa na cozinha. A raiva no peito dela gorgolejou em um ronco indignado. Parte de Laura achava isso divertido. Eu achava também.

Depois que a banda acabou, Laura começou a escrever mais a sério. Ela rascunhou uma história pela perspectiva de um adolescente fugitivo, alguém com quem era inerentemente fácil simpatizar por conta da idade e da história de sobrevivência — ela o batizou de Exterminador. Era o alter ego que mais tarde se tornaria JT. Certa vez Laura me contou que, quando era nova, sempre quis ser um menino — um menino bonito, especial. Simplesmente parecia que eles tinham mais facilidade na vida. Ninguém a chamava por apelidos. Se chamavam de alguma coisa, eram xingamentos, como "Grande Albert" ou "Ursinho Cu", ou palavras de baixo calão que a faziam querer sair correndo. Na adolescência, ela ligava para centrais de auxílio usando vozes diferentes, transportando suas histórias para vidas de adolescentes perdidos, em geral meninos. Laura escrevia essas histórias em papel de rascunho, nas margens dos jornais, ou em guardanapos usados. A dor de JT parecia uma metáfora para seu próprio sofrimento.

Algum tempo atrás, Laura encontrou o Dr. Terrence Owens, um terapeuta que era diretor da ala infantil do St. Mary's Hospital. Pelo que entendi, ele se conectou a JT. Ela ligava para ele todos os dias, na voz de JT, descrevendo partes da vida de JT, suas experiências viajando com a mãe e vivendo nas ruas. O Dr. Owens sugeriu que ela escrevesse esses relatos e ofereceu a JT um palco para seu trabalho: dividiria os textos de JT com seus alunos de serviço social. Laura ficou bem animada para terminar um escrito que algum público leria. Começou a virar noites trabalhando na mesma história até terminar. Perguntava ao Dr. Owens o que os alunos tinham achado — gostaram da narrativa, reagiram nos momentos-chave? Ele só lhe dava avaliações médicas. Ela queria mais retorno. Então começou a procurar outros autores que admirava e falar com eles pelo telefone como JT. Um vizinho a apresentou à poeta Sharon Olds. Quando ela percebeu que poderia entrar em contato com as pessoas que a inspiravam, confessou que era como falar com Deus pelo telefone. Apresentou-se ao escritor Dennis Cooper e passou a conversar com ele regularmente por anos. Ele incentivou JT e o colocou em contato com o escritor Bruce Benderson, que por sua vez ajudou JT a ser publicado. Em certo momento, JT e Dennis consideraram a ideia de espalhar rumores de que o verdadeiro autor dos livros era Dennis, porque JT não queria expor sua identidade. Não estava pronto para colocar um rosto no conteúdo dos seus livros.

Nesse início, Laura disse que JT, que era portador de HIV, tinha sarcoma de Kaposi, um tipo de câncer comum em pacientes com aids, o que não seria uma trajetória inesperada para um garoto que passara tanto tempo nas ruas. Pelo telefone ela dizia às pessoas que JT não queria sair porque tinha vergonha das lesões em seu rosto e seu corpo. Naquela época, Laura também não saía de casa. Ela disse em uma entrevista, depois que tudo acabou, que "se eles têm pena de um garoto com pústulas pelo corpo, podem ter de mim também". Embora a doença funcionasse para evitar que alguns homens gays quisessem trepar com JT, ela não impedia que as pessoas quisessem conhecê-lo. É claro que, quando JT dizia gaguejando que não saía porque tinha vergonha das feridas, todos respondiam "pare com isso", "não tenha medo", "você precisa viver". Chegaram a se oferecer para maquiá-lo ou fazer papel de seu guarda-costas.

Dennis mandou para JT a foto de um amigo que tinha morrido ainda jovem, nos anos 1970, para usar como foto de autor no seu primeiro livro. Aquele menino e eu estranhamente tínhamos feições semelhantes: rosto redondo e nariz arrebitado.

Quando Laura me pediu para interpretar JT, seu sarcoma de Kaposi tinha passado. Embora JT ainda ficasse a maior parte do tempo em casa e usasse disfarces ao sair em público, a AIDS não fazia mais parte da sua história. Laura tinha abandonado isso. O menino sobreviveria, afinal — e ninguém jamais questionaria nada.

Em janeiro de 1997, Laura engravidou. Geoff estava tentando formar uma nova banda. Laura arrumava alguns bicos de escritora aqui e ali e continuava trabalhando com telessexo para conseguir um dinheiro extra. O casamento deles aconteceu na Unitarian Church em Noe Valley, com uns duzentos convidados, enquanto eu estava no colégio interno. Sob a chupá erguida por quatro irmãs, Geoff e Laura cantaram um dueto de "Our Love is Here to Stay".

Laura teve um menino. Ela engordou muito durante a gravidez e mais ainda durante a amamentação. Dizia-se que estava pesando mais de 130 quilos. Ela parou de comparecer às reuniões de Judy.

Lembro que certa vez, quando Geoff foi ao banheiro, um amigo nos confidenciou em um sussurro raivoso: "Como Laura pode fazer isso com Geoff?" Ele criava desculpas para ela enquanto balançava Thor no joelho. Levava o filho a todo lugar desde bebê. Hennessey e eu encontrávamos os dois, em frente à casa deles, para passeios pelas colinas ou até a praia. Laura nunca saía, mas mandava beijos.

Ouvi de Geoff que ela havia escrito e publicado dois livros, mas não cheguei a entender de fato o fenômeno até lê-los. Devorei *Sarah* e *Maldito coração* em um dia. Toda aquela premissa de escrever como outra pessoa parecia misteriosa e complicada. Achei os livros belos e espontâneos, independentemente de quem os tinha escrito. A mãe e as irmãs de Geoff queriam que Laura publicasse sob o próprio nome, mas ela ignorou essas preocupações. Tinha seus motivos.

Todos os alunos do meu colégio interno planejavam ir para a faculdade. Na formatura do último ano, o colégio anunciou quem ia para onde em uma folha de papel cor de creme, grossa e com relevo, entregue para os pais. Como eu tinha feito um programa de intercâmbio na Tailândia no ano anterior, estava passando com o mínimo de créditos e notas medíocres. Tinha planejado ir para a Universidade da Califórnia em Santa Barbara — era a única faculdade em que eu tinha sido aceita —, então foi o que coloquei na lista. No entanto, depois de terminar o ensino médio, fiquei indecisa. Tinha minhas dúvidas sobre querer mesmo fazer faculdade e desejava muito morar sozinha na cidade e continuar perto da família. Meu pai, pouco antes, havia sofrido um sério acidente de bicicleta e quebrado o pescoço. Com a fisioterapia, ele foi capaz de recuperar a maior parte dos movimentos. Ele andava, se vestia e dirigia por conta própria, mas seu controle motor então era comparável ao de uma criança, e ele tinha dificuldade de trabalhar. Eu não sabia exatamente o que queria fazer em relação aos estudos. No verão depois da formatura, fiz aulas de chinês e de violão na City College de São Francisco (CCSF) e procurei um emprego, decidindo na minha cabeça que não iria para a faculdade.

A poucos quarteirões da casa da minha mãe fica um restaurante tailandês descolado chamado Basil. Jovens tailandeses com tatuagens e piercings estudantes de arquitetura ou design na Academy of Art iam de mesa em mesa, carregando bandejas de curry e somtum. Aos 18 anos, eu os achava intimidadores, mas estava convencida de que seria o descanso perfeito da minha casa e da escola. Eu ficava de olho nos garçons mais bonitos e torcia para ser notada por eles também. Por três semanas consecutivas, deixei meu currículo. O dono, Todd, finalmente me ligou. Fui contratada como cumim de segunda a sexta no turno do almoço.

Fiz amizade primeiro com as mulheres laosianas mais velhas da cozinha. Eu tinha morado em Khon Khaen, no noroeste da Tailândia, então falava a língua delas, e sempre que eu confundia algum pedido e os garçons brigavam comigo, eram elas que me defendiam. Quando o ritmo diminuía, elas liam a sorte umas das outras no tarô em sânscrito, ou sentavam-se nos sacos de arroz e pediam que eu massageasse suas costas com o cotovelo, dizendo: "Acertou um nervo aí, um nervo bom." Elas criavam pratos incríveis — cabeças de pato grelhadas, chouriço, talos de glória-da-manhã no vapor, salada de mamão verde com carne de caranguejo em conserva, molho de peixe fermentado com pimenta. Comer com elas no restaurante era uma experiência alimentar positiva para mim. Apesar disso, eu às vezes ainda comia compulsivamente, dizendo a mim mesma que não devia desperdiçar comida, mas sabendo no fundo que aquilo vinha de um sentimento de incompetência e solidão. Depois do trabalho a equipe bebia alguma coisa e jogava cartas. Eu ia junto, esquecendo por um momento que não tinha ideia do que ia fazer da vida.

Naquele verão, conheci um menino japonês chamado Hilo na lanchonete da CCSF. Todo mundo achava que ele era uma garota, e para ser sincera foi isso que originalmente me atraiu nele. Usava roupas largas e tinha um cabelo ruivo arrepiado, uma voz suave e braços e pernas compridos, com um torso que mais parecia de massinha, sem pelos e tão flexível quanto o de uma criança de 12 anos. Ele dizia que tinha problemas hormonais. Toda vez que ia ao banheiro masculino um cara reclamava: "Esse banheiro é para homens!" Eu lhe disse que ele deveria abraçar essa habilidade de fluir entre os sexos. Hilo me contou que todos os amigos dele achavam que eu era lésbica.

Só duramos poucos meses como amantes. Perto do fim do relacionamento ele ficou com ciúmes de mim com Geoff, que tinha começado a pedir que eu fosse até a casa dele para cantarmos juntos. Fiquei animada para fazer isso, mas demorou meses para que eu criasse coragem. Comecei a estudar canto na CCSF e a fazer aulas particulares com uma cantora de ópera.

Fui cantar com eles pela primeira vez em um fim de semana; cheguei uma hora e meia atrasada. Quando toquei a campainha do apartamento de Geoff e Laura, Geoff entreabriu a cortina de tie-dye na porta da frente para checar meus pés, um hábito de Laura que ele tinha adotado. Tirei os sapatos e os empilhei na escada. Havia pilhas de revistas e livros, engradados de novos energéticos em promoção e aperitivos saudáveis até metade da escada. Laura gritou da sala de TV/escritório de telessexo:

— Oi, Savanni. Já vou.

— Tudo bem — respondi num falso barítono enquanto passava pelo longo corredor em que, como eu logo descobriria, era sempre noite.

Geoff e eu fomos para a cozinha, passando pelas últimas obras-primas da pintura de Thor, coladas nas paredes sujas. Deixei o dedo correr pelo metal decorativo em alto-relevo, e Geoff avisou:

— Eu não tocaria nisso se fosse você. Tem chumbo. A gente fez os testes.

A cozinha era o único cômodo naquela antiga casa vitoriana que recebia luz direta, então apertei os olhos para o brilho que refletia na pia de aço inox. Suculentas em caixas de leite recortadas enfileiravam-se na beira da janela. Eu peguei uma caneca do escorredor de pratos e girei a torneira, ligando o MultiPure.

— Você sabe que não pode passar água quente pelo filtro, né? — perguntou Geoff.

— Acho que não fiz isso.

— Não, tudo certo. Só garantindo.

— Cadê o Trev?

— Foi brincar com um amiguinho até depois do jantar. A família leva as crianças para o parque. Eles são franceses, então ele volta falando: "A gente jogou *le futebol*. Depois comemos *croissants*." É bem maneiro.

Geoff e eu fomos para o escritório dele. Eles moravam em uma casa de três quartos, dos quais dois haviam sido transformados em escritórios. Tinha pôsteres de banda em todas as paredes e alguns retratos da época da Daddy Don't Go, os rostos flutuando em um fundo preto, com telefones antigos junto ao ouvido, o fio espiralado desaparecendo na escuridão. Laura olhava direto para a câmera, os dedos tapando o fone, e Geoff posava de boca aberta, como se estivesse cantando.

Laura saiu de seu escritório e se sentou no sofá de couro preto, o único móvel novo da casa. Eles tinham me dado uma fita para praticar, que eu tocava na sala de Sharon. Ela ficava muito animada quando eu a colocava no toca-fitas, lembrando-me várias e várias vezes de que na infância eu queria ser a Madonna. Quando tentei cantar "When it rains, Oooo" na frente de Laura, ela ajustou o gorrinho de crochê marrom e se levantou para cantar junto. Ela era apaixonada por música e não conseguia se segurar. Tinha uma voz incrível, como água. Conseguia interpretar e imitar qualquer um: ser sueca, japonesa, coreana ou uma caipira sulista. Em segundos ela fazia uma imitação perfeita. Sua voz era forte e tinha um toque de sotaque britânico. Ela me treinava a pronunciar melhor as palavras e a colocar emoção nas letras. Era muito entusiasmada e comemorava muito. Enquanto aprendia a cantar, tive a sensação de que Laura estava aliviada por eu ter preenchido esse papel.

Mais tarde, quando Geoff foi ao banheiro, ela me contou que no nosso primeiro jantar em família ela havia percebido os músculos definidos do meu maxilar e imaginado quais seriam meus hábitos alimentares. Senti a vergonha borbulhar na garganta. Eu achava que ninguém sabia, exceto talvez outra aluna que me ouvia vomitar no banheiro da escola. Minhas questões com comida vinham de uma raiva e intolerância comigo mesma, e eu não queria dividir isso com mais ninguém. Estava em choque. Gaguejei, dizendo que não sabia do que ela estava falando. Mais tarde isso se tornaria um elemento importante da nossa amizade. Ela foi a primeira pessoa com quem pude falar sobre meus hábitos alimentares, minhas negações e jejuns. Tarde da noite, ligávamo-nos depois de episódios de compulsão. Identificávamos qual emoção nos fizera comer demais. Eu jurava que iria aos Comedores Compulsivos Anônimos. Levou anos até que eu conseguisse ir a uma das reuniões, mas, quando chegava o momento de admitir que eu tinha um problema, minhas palavras viravam areia. Simplesmente não parecia certo falar sobre aquilo. Acho que não estava pronta. Nos Narcóticos Anônimos e Alcoólicos Anônimos pelo menos eles podiam falar dos seus piores dias bebendo café, comendo biscoitos e fumando. Nas reuniões dos Comedores Compulsivos Anônimos mal havia chá. Eu pensava: por que não tenho um problema com drogas como o resto dos meus amigos? Pelo menos eu seria magra.

Aquilo tinha começado no primeiro ano do colégio interno. Engordei dez quilos. Muitas meninas engordaram também. Comer era o único vício encorajado. Em vez das festas regadas a bebidas e drogas que todas queríamos fazer, a escola permitia que fizéssemos festas com pizza e refrigerante. Se um possível aluno fosse avaliar a escola, a administração comprava brownies, morangos e uvas para fingir que nos tratavam bem. Eu me lembro que quando visitei a escola pela primeira vez, fiquei incomodada porque todo mundo parecia claustrofóbico e espinhento. Nos fins de semana, a gente via séries e pedia comida chinesa. Minha primeira namorada tinha na parede um pôster do Calvin Klein One, com jovens andróginos posando com camisas amarradas revelando ossos de quadris esculpidos. Minha namorada era naturalmente magra. Criei vários complexos de que nosso relacionamento não estava funcionando porque eu não era como uma das modelos do CK One. A ex-namorada dela estava no último ano, sempre usava boné e jogava lacrosse, e era conhecida por dar em cima das meninas mais novas do colégio. Já eu, me achava boazinha demais, além de gorda. Ela terminou comigo logo depois que a gente começou a sair.

Quando voltei para casa pela primeira vez, minha mãe ficou horrorizada. Embora ela sempre tivesse sido uma pessoa progressista, lembro-me de ter ouvido, logo assim que cheguei, ela repetindo clichês dos anos 1950 como "a imagem de uma mulher é tudo". Quando dizia a palavra "gorda", era cuspindo, com o fervor de um comunista discursando contra porcos imperialistas. Naquele verão minha irmã e eu corríamos juntas, e eu voltava para casa e imediatamente olhava no espelho, esperando ter perdido dez quilos num passe de mágica. Eu me lembro da decepção, seguida pelo desejo de comer pizza. Sharon monitorava meu regime. Se eu passava manteiga na torrada ela comentava: "Não sei se você precisa disso." Hennessey também voltara mais gorda da escola, mas perdeu o peso que ganhara por insistência da mamãe. Por algum motivo eu não conseguia falar com Hennessey sobre o que estava passando. Em vez de mudar com essa atenção negativa, só internalizei os sentimentos.

Em uma manhã ensolarada no meio do verão, descobri, depois de comer um sanduíche, que podia enfiar o dedo na garganta e apertar o botão que eu tanto procurava. Sabia que não era um hábito saudável e lidava com essa ferramenta recém-descoberta de forma cuidadosa. Passei todas as noites que podia longe de casa, com meninas do colégio local, para Hennessey e Sharon não perceberem que eu não estava comendo. Essas garotas todas me achavam um pouco estranha, porque eu não frequentava a escola pública, era gorda e tinha "virado" lésbica. Além de tudo, eu era muito esquisita com comida.

Na mesma época em que comecei a cantar na Thistle, Laura perdeu muito peso em pouquíssimo tempo. Depois sua pele caía em dobras, como se alguém a tivesse estendido sobre seus ossos para fazer uma tenda, e se movia como líquido. Laura tinha um truque, que me mostrou quando ficamos mais próximas. Depois do banho, ela soltava a toalha. Sua pele, nunca exposta ao sol, brilhava como a lua crescente. Ela puxava seus flancos magros e começava a balançar os quadris. A pele fazia um som suave de abanar. Então aumentava a velocidade, a cabeça dependurada para trás, até que o som ecoava a si mesmo, como uma garça batendo as asas na água antes de decolar. Um grito de sobrevivência. Com o tempo, ela se adaptaria ao novo corpo. Parou de usar o mesmo vestido estampado de viscose com sandálias Birkenstocks. Cuidava da aparência de toda forma que podia. "Grande Albert" e "Ursinho Cu" deixaram de existir para sempre.

Antes de a gente começar a tocar junto, Laura já estava colocando suas engrenagens de relações públicas para funcionar. Tinha um dom, quase um sexto sentido, para entender o que as pessoas do mundo da mídia queriam ouvir. Parecia um de seus verdadeiros talentos. Ela nunca perdia uma oportunidade de promover a si mesma ou a seu trabalho. Ouvi-la vender uma história pelo telefone era como ver um ambulante girando fios de algodão doce em uma feira até criar um redemoinho de teia açucarada.

Na voz de JT, Laura conseguiu que eu participasse de um artigo da revista *Interview* para fazer propaganda da banda. JT estava na lista de pessoas mais relevantes do ano 2000, e na revista JT sugeriu que eu, Savannah, entrasse na lista também, como uma estilista promissora. Isso era um exagero. Eu tinha feito algumas peças para amigos usando silver tape, e uma mochila para mim com uma sacola de papel coberta de fita. Laura repetiu para mim o que tinha dito à *Interview*: eu era uma embaixadora da silver tape, e uma noite em uma boate um grupo imenso de japonesas me vira na pista com a minha mochila de silver tape; elas me cercaram, dançaram ao meu redor e encomendaram várias bolsas ali mesmo. Minha marca tinha decolado, se tornando um império da silver tape. Eu era, segundo Laura, a Louis Vuitton da fita de polietileno prateada. Então por que ninguém tinha ouvido falar de mim?

— Isso é algo em que eles mesmos vão ter que pensar — respondeu ela, sem fôlego.

Aquilo tudo parecia um monte de baboseira, e não acreditei que alguém levaria a sério.

Quando a *Interview* ligou, eu tinha as respostas por escrito. Eles perguntaram qual era a minha fantasia, e eu obedientemente respondi:

— Eu faço bolsas e carteiras com silver tape, mas minha fantasia é derramar cerveja no Hansen com a banda que tenho com meu irmão, Thistle.

Tudo bem, não era lá a forma mais direta de promover a banda, mas funcionou. Segui à risca o roteiro de Laura. Quando várias pessoas, inclusive minha irmã e minha mãe, me perguntaram o que aquilo significava, apenas dei de ombros. Foram as primeiras das muitas palavras que Laura colocaria na minha boca. Teria sido maravilhoso ver meu rosto aos 19 anos em uma revista, mas eu não queria mostrar aquilo para ninguém. Estava com vergonha das mentiras.

A *Interview* pediu uma série de fotografias de cabine, o que parecia relativamente simples. Porém, em São Francisco, Laura teve alguns problemas — JT não existia, e todas as cabines de fotografia da cidade pareciam ter caído em desuso com o advento das máquinas japonesas de fotos impressas em papel de adesivo. Sem perder as esperanças, Laura ligou para a empresa que produzia as cabines e encontrou uma das últimas em um bar em Mission. Tudo de que ela precisava, então, era alguém para ser JT.

Geoff, Laura e eu dirigimos pelo entorno do início da Polk Street procurando garotos. Laura abriu a janela do carro e enfiou a cabeça para fora, mandando Geoff diminuir a velocidade. Ela esticou o pescoço para dar uma olhada em uns caras parados em frente a um restaurante vietnamita.

— Querida, tem um carro atrás da gente, eu não posso parar.

Laura virou-se para ele e reclamou:

— Como eu vou ver as pessoas se você não diminuir?

— Querida, por favor, se você soubesse dirigir entenderia por que não posso parar.

— Tá bom, tá bom. A gente precisa mandar essas fotos por FedEx até as 19h, então vai indo pra Mission.

Quando saímos do carro na Valencia Street, Laura viu um casal de meninas descendo a rua. Uma delas estava usando um casaco de capuz e parecia andrógina, com um cabelo desarrumado loiro-escuro embaixo do boné. Laura se aproximou delas e chamou, alegremente.

— Ei.

A garota cabeluda olhou para ela desconfiada.

— Gostei da sua cara e queria saber se você poderia fazer um favor para a gente. Sabe, eu preciso de algumas fotos para um concurso, um concurso de arte, e sou muito tímida, então não dá para eu fazer sozinha. Você acha que poderia ir ali com a gente e tirar umas fotos?

— Acho que não — respondeu a cabeluda, olhando para a namorada e apressando o passo.

— Espera aí, espera! Eu te pago cinquenta dólares. Não tenho muito dinheiro, mas posso te pagar cinquentinha. Por favor. Só vai levar cinco minutos. Não é nada de mais. Cinquenta dólares por cinco minutos de trabalho, é tipo salário de médico! Significaria muito para mim, e não vai ser nada de mais, prometo. Você nem precisa tirar o boné.

Elas pareciam pensar que queríamos sequestrá-las e transformá-las em escravas sexuais. Laura continuou falando, sem dar um segundo de pausa para as garotas falarem nada. Ela enfiou a mão no bolso e ofereceu umas balinhas, roubadas do restaurante em que a gente tinha jantado.

— Você só vai precisar usar óculos escuros, pode ficar com o boné, eu tenho os óculos aqui, olha! — Ela remexeu na bolsa e tirou óculos de sol imensos.

O casal se entreolhou. A cabeluda falou:

— Deixa eu confirmar o que você está dizendo: uma foto, cinquenta dólares?

— Isso. É isso aí. Exatamente. Cinquenta dólares. Como se tivesse encontrado a nota na rua. Leve sua namorada para comer sushi, ou só fique com o dinheiro — disse Laura, animada.

Saímos da tarde ensolarada e entramos no bar. Era como entrar na boca de alguém que nunca foi ao dentista: fedia a bebida velha, azeitonas e algo podre. A pré-histórica cabine de foto ficava no fundo do salão. "JT" foi primeiro. Ela permaneceu parada cada vez que o flash disparava. Laura falou para ela ficar com o queixo para baixo.

As fotos ficaram prontas. Estavam desfocadas, cortadas ao meio por uma faixa branca. Laura ficou puta e foi batendo os pés até o bar. Geoff se encolheu, como uma tartaruga entrando no casco. Ela gritou para o barman:

— Ei, essa cabine de fotos está bichada!

O cara, que estava ocupado lavando copos, parou e olhou para Laura.

— É, eu sei. Está com pouco toner.

Laura fumegava.

— Bem, eu quero reembolso. Isso é um absurdo. Essas fotos são muito importantes, e essa, essa máquina deveria estar funcionando. Tem uma lei sobre isso, sabia? Manter maquinário defeituoso em lugares públicos. Eu quero reembolso. Isso não está certo.

O bartender olhou como se ela estivesse louca.

— Bem, eu não dou reembolso da cabine fotográfica porque essa grana sai das minhas gorjetas. Você pode escrever pra gerência, se quiser.

Enquanto Laura estava de costas, Geoff deu cinquenta dólares para a garota, que foi embora com a namorada. Laura ainda estava tentando pegar os 4,50 dólares de volta, e fui tirar as fotos como cantora da banda/designer de silver tape. Enquanto esperava as fotos saírem, Geoff abriu a cortina de veludo. A máquina cuspiu a tira de papel.

— Como ficaram? — perguntou ele.

Elas tinham a mesma faixa fantasmagórica. Finalmente, Geoff agarrou Laura pelo braço e a tirou do bar.

— Isso não está certo — dizia ela, bufando enquanto corríamos até a FedEx, mal conseguindo entregar as fotos dentro do prazo.

Pouco tempo depois Laura começou a reclamar que eu não estava levando a carreira de cantora a sério, que ela sabia que eu não estava me dedicando de corpo e alma à banda. Ressentida, me acusou de fugir para lutar capoeira quando poderia estar ensaiando.

Eu não podia negar. Depois da primeira aula, assistindo àquelas amazonas fazendo vários truques e golpes, eu me apaixonei pela capoeira. Fugia da escola, jamais me inscrevia para alguma aula à noite e mudei meus horários de trabalho. Comecei a evitar Laura e Geoff e recusava encontros com a família ou os amigos para ir à capoeira. Antes de ir para a aula de manhã, dobrava cuidadosamente o uniforme e anotava as músicas tradicionais da luta para decorar durante a viagem de ônibus. Eu até lavava roupas mais vezes para manter meu abadá sempre limpo. Essa dedicação me mostrou algo sobre mim mesma que não sabia até então: eu era capaz de me comprometer de verdade se quisesse muito. Eu tinha concordado em cantar na banda de Geoff e Laura porque não sabia mais o que fazer com meu tempo. Depois que concordei, me senti obrigada a continuar, mas não o suficiente para lhes dar toda a minha atenção. Eu os decepcionei. Mas Geoff me disse, no seu jeito doce e inconfundível, que não tinha problema.

— É um grande compromisso, eu sei. A gente fica triste, mas não se preocupe. Eu entendo.

Fiquei aliviada. Não queria ser cantora de uma banda pop.

Algumas semanas depois, Laura me ligou e disse:

— Preciso de um favor.

— O quê?

— Preciso que você seja *ele*.

Parte de mim vinha desejando que isso acontecesse.

— Quem? — perguntei, inocentemente.

— JT. Só uma vez. Pode ser?

Um, dois, três

PREPARAMOS O PRIMEIRO TRUQUE DO JT no antigo loft da Natoma Street, um dos becos de South-of-Market batizado em homenagem às prostitutas da cidade durante a Febre do Ouro, ou foi o que me disseram. Meus pais alugavam o segundo andar desde 1968. Tinha sessenta metros quadrados de espaço aberto que originalmente abrigavam uma fábrica de vinis. As únicas áreas privativas eram um pequeno cômodo na frente, onde ficava o escritório da fábrica, um banheiro e um laboratório de revelação instalado pela minha mãe. A luz do sol invadia o grande cômodo por três claraboias adjacentes, iluminando o piso de pinus com respingos de vinil. Na frente do espaço havia uma porta de carga que se abria para a rua. Um elevador antiquíssimo esperava solenemente ao lado, como um burrico velho pronto para carregar seu fardo para a calçada no andar de baixo. Eu raramente fechava essas portas, a não ser que estivesse chovendo — ventava tanto ali que mal fazia diferença. Numa das extremidades do cômodo principal, meus pais instalaram uma cozinha e, para facilitar o trabalho do bombeiro hidráulico, um chuveiro também. Minha mãe tinha pintado tudo com tinta aeronáutica, vermelho em cima e azul embaixo — o lugar parecia um teatro de marionetes.

Assumi o loft alguns anos depois do acidente do meu pai. Ele tinha tentado seguir a vida como sempre, mas percebeu que seria muito difícil continuar ali. O loft estava caindo aos pedaços, e ele não conseguia mais consertá-lo. Era difícil levar as compras para o andar de cima, e ele se sentia inseguro voltando para casa sozinho à noite. Então me mudei para lá e subloquei o espaço para três amigos. Era o auge da bolha das ponto com, e os aluguéis em São Francisco tinham disparado. A gente se contentava em ter onde morar.

O apartamento na Natoma era cheio de memórias da vida dos meus pais. Nas vigas de sequoia sem tratamento meu pai tinha abandonado um caiaque, um antigo tanque de mergulho e centenas de latas de metal redondas de antigos rolos de filme. O laboratório de revelação esquecido tinha sido usado como depósito por anos, e um dos meus colegas de quarto me ajudou a limpar dezenas de caixas mal-ajambradas de equipamento fotográfico arcaico e soluções químicas estragadas. Fiquei muito confusa quando encontrei um sapo esmagado embaixo de uma pilha de coisas. Era do tamanho do meu pé, e não dava para imaginar meu pai deixando o bicho viver ali no quartinho. Com nojo, joguei o cadáver fora. Quando contei à minha mãe, ela reclamou:

— Você jogou fora? Aquele foi o único presente de dia dos namorados que dei para o seu pai. Coloquei em uma moldura azul e chamei de "Mijando no céu". Por acaso achou a moldura?

Para a primeira aparição de JT eu precisava de uma boa desculpa para enxotar meus três colegas de quarto por uma tarde inteira, então avisei que havia respondido a um anúncio na internet em que um senhor me pagaria para vir ao loft e limpar tudo de olhos vendados. Eu nunca tinha feito nada assim e poderia simplesmente ter dito que era um encontro, mas certa vez ouvi de um amigo uma história parecida e a ideia de um cara de meias pretas com barras amarelas e ligas masculinas, ofegante, esfregando o piso manchado e queimado de sol, me divertia. Era um típico comportamento meu: tornar tudo mais complicado do que o necessário. Essa parte da mentira significava que eu tive que lavar o chão às pressas antes que Laura e os outros chegassem, porque estava nojento. Um limo preto escorreu pelos ralos quando esfreguei.

Ao terminar, corri para o quarto e peguei um espelho que meu pai tinha pendurado ali. Era um retângulo pequeno, com uma cruz no meio, usado como sinalizador para aviões durante emergências. Eu o coloquei no chão. Tinha comprado a faixa de compressão mais grossa que pude encontrar — autoadesiva, áspera e um pouco mentolada. Apertando meus seios, estiquei o elástico ao máximo, lenta e cuidadosamente desenrolando a faixa como uma lagarta tecendo um casulo. Virei-me para me olhar de perfil. Só sobrava um leve relevo, e as roupas certas o esconderiam com facilidade. Eu parecia mais magra, se não pensasse nas dobras de pele que se derramavam para as costas e axilas. Meu peito começou a arder, mas ignorei a sensação e corri para me vestir. Estava em êxtase. Eu tinha descoberto como não ter peitos e parecer mais magra.

Revirei as roupas do meu colega de quarto, Chuckie, jogando no carpete industrial as peças cuidadosamente dobradas. Virei de lado em frente ao espelho dele, cobrindo a bandagem com o braço. Quando fazia isso, parecia mais ou menos do mesmo tamanho da pessoa na capa de *Sarah*, uma foto que Gus Van Sant tinha tirado de um menino segurando uma rosa vermelha. Se não considerasse a parte de trás, eu tinha o tamanho de um menino magro. A pobretona em mim pensou que as roupas de Chuckie eram um pouco arrumadas demais para JT. Eu precisava era do suéter de Natal furado que esquecera no ônibus meses antes. Acabei decidindo usar uma calça cargo e uma camiseta de manga longa preta. Quando a campainha tocou, corri para pegar minha peruca e meu cordão de osso de pênis de guaxinim, o talismã e marca registrada de JT.

Vieram só Laura e o fotógrafo. A entrevista fora feita por telefone com Laura. Não me lembro para qual revista era. O fotógrafo era parrudo, mas tinha um jeito de menino, com cabelo loiro penteado para trás e ombros largos. À primeira vista, era o tipo de cara branco que sempre julguei, a não ser que parecesse gay. Por algum motivo, na minha cabeça, isso o deixaria mais legal. Laura usava um chapéu de palha brega, com uma flor falsa presa na fita de veludo, por cima de uma peruca vermelha. Alguns dias antes, Laura tinha me levado para comprar perucas, na esquina da 26th Street e Mission Street. Enquanto experimentávamos diferentes visuais, o dono da loja ajeitava seus longos cachos oleosos por cima do rosto brilhoso e nos olhava feio por trás da bancada de MDF. Escolhi uma peruca azul que parecia barata. Laura escolheu a senhorita escarlate. Assim como adorava fazer diferentes vozes e atuar como diferentes personagens no telefone, ela adorava perucas. Escolhia quem queria ser em dado momento só trocando o comprimento, cor e textura do cabelo, embora sempre usasse a mesma maquiagem: blush, sombra cor de ferrugem e batom rosa-claro.

Assenti para os dois, os óculos com lente refletora de motociclista da minha mãe escondendo meus olhos, e soltei um "oi" repentino, tentando imitar a voz masculina grave e hesitante que Laura usara no telefone comigo.

Quando abri a porta para Laura e o fotógrafo da revista, ela me deu uma olhada furtiva. Então falou, em um sotaque britânico:

— JT, este é o Chris. Então, o lugar está pronto para as fotos?

Fiz que sim, meio tímida, tentando me forçar a soltar um "aham". Dei as costas e subi os degraus sujos correndo, e eles me seguiram mais devagar.

— Ele fica nervoso — comentou Laura. — Você tem sorte que ele não tenha vomitado em você.

— É uma honra te conhecer depois de tanto tempo, JT — falou Chris às minhas costas.

Laura o segurou e confidenciou:

— Só pra você saber, ele não gosta que encostem nele.

Eu os levei ao cômodo principal, com uma sensação estranha de estar vendo o lugar pela primeira vez, como se gaguejar e tropeçar usando uma peruca tivesse me dado novos olhos. De repente me dei conta de que o lugar parecia um hospital para móveis moribundos.

Minha mãe tinha parado de ir lá havia séculos porque a incomodava ver aquilo cheio de lixo. Sua reação provavelmente acabou me fazendo levar ainda mais porcarias para o loft. Soltei um pigarro e consegui falar:

— Então...

Os dois se sentaram, Chris em uma poltrona estofada de brocados verdes, Laura em uma de veludo cotelê rasgado. Ela sorriu para mim, como se fosse minha mãe, e eu, uma criança tímida que precisasse de estímulo.

— JT, o Chris trouxe uma coisa para você.

Meu peito coçava por causa da bandagem mentolada. Fiquei me perguntando se ele conseguia ver a gordura sobressalente nas minhas costas se avolumando para fora da faixa. Mal conseguia acreditar na atenção que JT exigia, mesmo sem eu falar uma palavra àquele homem. Pensei na minha própria vida, como na maior parte do tempo eu tentava encher o silêncio com comentários inteligentes para que as pessoas não achassem que eu era "só uma garota" ou me ignorassem por completo. Chris se levantou e esticou a mão.

— Aqui, JT, sei que você gosta de chocolate.

Laura começou a reclamar no seu sotaque britânico falso:

— Chris, você não trouxe chocolate pra mim, cara? Vou deixar passar dessa vez, hein. Levanta aí.

Ela se levantou e ficou ao lado do fotógrafo, que parecia confuso. Laura o puxou para ela e esfregou os quadris nos dele em uma dança vulgar. Fiquei fascinada, pensando em como ela tinha conseguido interpretar uma dominatrix na música do Ciberorgasmo.

— Certo. Tá beleza. Esse é o meu teste. Eu sou a cafetina do JT, e se não sentir uma vibe legal contigo então não dá pra gente trabalhar junto. Sem chocolate pra mim? Sem problema, porque eu sou a pica aqui. Mas ele é que fode pra *mim*.

Nós rimos, meio sem graça.

— Quer dar uma olhada por aí? Ver se acha um bom lugar pra foto?

— Claro — concordou o fotógrafo, olhando em volta. — Apê maneiro, hein?

— É, é da minha irmã. O JT achou que combinava.

Assim que o cara deu a volta no biombo de bambu que separava o meu quarto do resto do cômodo principal, ela sussurrou para mim no seu sotaque do Brooklyn de sempre:

— Dá para falar mais? — Ela gesticulou com os dedos pálidos e longos para a minha testa. — E ajeita a peruca.

Eu tinha coçado a testa e sem querer empurrado a franja para trás, deixando meu couro cabeludo respirar. O cabelo sintético me fazia sentir encurralada, como se estivesse dormindo entre as costas de um sofá e uma parede, de meias e com o aquecedor à toda. A contragosto, puxei a peruca para baixo, pensando: "Que idiotice."

Chris foi até o final do cômodo, avaliando tudo com seu olhar treinado. Ele decidiu me fotografar junto à porta de carga. Um dos painéis de vidro estava colado com silver tape. Chris baixou um skate com um desenho vulgar de uma mulher com chifres. Balançou a mão, indicando que eu deveria subir no skate. Eu ajeitei a peruca e subi com cuidado. A ironia de estar fingindo ser um garoto que fingia ser uma garota era inacreditável. O gesto foi meu, mas exagerado e afetado. Perdi o equilíbrio quando o skate se mexeu e falei:

— Eu, ah, não sei se vai rolar, cara.

Chris soltou um "ah" e baixou sua câmera já pronta para clicar. Laura riu, ao fundo.

— O mudo fala.

— Bem — continuou Chris —, você pode ficar do lado dele? Tipo, se apoiar nele?

Peguei o skate do chão e tentei uma pose: eu e o skate, um retrato honesto de um moleque das quebradas. Click, click, click. Quanto mais a câmera disparava, menos à vontade eu me sentia. O que aquilo queria dizer? Que o JT era um skatista? Interrompi as fotografias de novo.

— Foi mal, cara. Não sei o que é isso. Tô me sentindo meio idiota. Foi mal.

— Sem problema. Vamos tirar o skate e tentar assim. Eu achei que poderia ser legal, mas não tem problema. Beleza. Relaxa — falou ele, largando o skate, que caiu atrás dele de lado, as rodas girando com um barulho como se tivesse pedras nos eixos.

Laura ficou de pé atrás dele, indicando com o próprio rosto que queria que eu abaixasse meu queixo. Ela considerava que era minha característica mais reconhecível. Abaixa o queixo. Abaixa. O. Queixo. Abaixa.

— Relaxa! — repetiu Chris, clicando sem parar.

Olhei para os meus tênis.

— Você tem uns pezinhos pequenos, JT.

Garotos tinham pés tão pequenos assim? E onde estava meu pomo de adão? Não entendi por que estava tão preocupada. Laura só estava me pagando o que eu ganharia em um turno no restaurante tailandês, além de ter oferecido uma depilação a cera: virilha, queixo e buço. Era bem a cara dela usar um ponto fraco assim, e a verdade é que eu queria muito aquela depilação. Uma vez, aos 12 anos, tinha atraído o menino loiro popular para a minha casa com os cigarros sem filtro Camel da minha mãe. Ficamos deitados languidamente na cama juntos, curtindo o calor do verão e tentando fazer anéis de fumaça. Ele mexia, curioso, nas alças do meu sutiã. O encontro estava indo bem. Aí, de repente, ele exclamou:

— Você é tipo a mulher barbada. Seu queixo parece de um lenhador!

Eu tinha percebido vagamente uns cabelinhos nascendo no queixo, mas até o momento aquilo não tinha entrado na minha lista — em constante crescimento — de coisas que precisava mudar em mim mesma. Eu o expulsei da minha cama e jurei arrumar uma pinça e nunca mais falar com ele. Só recentemente eu tinha decidido gostar dos pelos do meu corpo.

Eu me lembrei de que não estava fazendo aquilo só por causa da depilação; estava fazendo porque Laura e Geoff haviam pedido ajuda.

E quando eu já tive a oportunidade de fazer alguma coisa assim? Não era um favor tão grande me vestir de garoto — eu me vestia assim o tempo todo. Embora aparentemente aquilo não fosse afetar minha vida de uma maneira ou de outra, de repente senti a necessidade de tentar interpretar o personagem JT da melhor maneira possível. Falei:

— Ah. Eu tenho problemas de crescimento.

— Na verdade ele é meio anão — acrescentou Laura.

Chris riu, tirando mais algumas fotos sem olhar pelo visor da câmera.

— Eu sou tipo um monstro comparado a você — comentou ele com malícia. (Laura várias vezes sugeria que JT tinha chupado repórteres porque não conseguia distinguir a atenção que recebia pelos livros da atenção sexual à qual estava acostumado.) Chris tirou mais algumas fotos, depois falou: — Beleza. Tenho outra ideia, me diz o que você acha. Eu trouxe... — Ele parou de fotografar e, experiente, trocou o filme com uma única mão, a câmera apoiada no joelho. — Eu trouxe um batom. Que tal passar enquanto fotografo?

— Ótima ideia. Isso vai ser foda, foda demais — comemorou Laura.

— Não tem problema? — perguntou Chris.

Tirei as mãos dos bolsos. Sabia o que ele queria: um garoto gay afetado, eroticamente inclinado para o espelho. Na minha vida de verdade, eu aplicava batom de farmácia com o dedo indicador. Hesitante, respondi:

— Tá, acho que posso fazer isso.

— É? Então vamos ali pro espelho.

A gente atravessou o labirinto de cortinas e lençóis que nos separavam do cômodo principal. Passando pelo meu quarto, Laura comentou, distraída:

— É o quarto da minha irmã. Ela tá em Londres agora.

Toquei meu pescoço, como se para aquietar o ponto onde deveria haver um pomo de adão. Por que ela disse aquilo? Estava me tirando do personagem.

— Onde você mora, JT? — perguntou Chris.

Ele está checando os fatos, pensei. Não acredita na gente.

— A gente mora na Mission — respondeu Laura.

Fiz uma cara feia para ela. Por que Laura não tinha me preparado melhor? Não ficava óbvio que ela estava respondendo por mim?

— Ei — falou Chris de repente. — A gente pode fotografar no banheiro?

Eu me encolhi.

— Ah, hum, peraí — falei, pensando: *Faça uma voz mais grave.*

Corri na frente deles e peguei o espelho que tinha usado antes para colocar a faixa de compressão e o pendurei no lugar de volta. Apagando as provas. Aí ajeitei disfarçadamente a faixa, em um movimento parecido com tirar a calcinha da bunda. Meus peitos estavam dormentes.

Atrás de mim, ouvi Laura dizer:

— Ele quase nunca sai. É tipo um zumbi, só fica na sala escrevendo. Deixa um milhão de marcas de chocolate no teclado. Sabe, fica com o mesmo pijama por semanas. Teve uma hora que a gente não aguentou e falou: "Cara, não dá pra você ficar imundo desse jeito perto do nosso bebê."

Eles olharam para mim.

— De quem você tá falando? — perguntei.

Chris me passou o batom. Eu virei a embalagem, o rótulo dizia: "Arrebatador." Meio sem jeito, me inclinei para o espelho.

— Beleza, um, dois, três e vai! — disse Chris.

Eu sentia como se meu corpo estivesse desmoronando.

— Lindo... muito sexy — comentou ele, animado.

Meu reflexo parecia estranho, meu nariz, bulboso, minhas bochechas, gordas demais.

Chris continuava falando, encorajando:

— Maravilhoso!

Ouvi Laura perguntando, atrás dele:

— Ele pode ficar com o batom?

O batom, totalmente aberto, se soltou e caiu no meu tênis. Laura riu; Chris continuou a fotografar.

— Acabamos? — perguntei, tentando falar lentamente.

Eu estava frustrada com Laura ali, rindo. Será que eu parecia tão idiota quanto me sentia? A sensação era que eu tinha falhado em ser uma fada graciosa.

— Ah, acho que a gente conseguiu a foto.

Voltando à sala, Laura falou para Chris:

— Sabe, você tem mesmo que me trazer chocolate da próxima vez. Eu não vou esquecer.

Ela colocou as mãos na cintura com força. Chris folheava as polaroides, distraído.

— Posso ficar com uma dessas? — perguntou ela, a voz se elevando como a de um leiloeiro.

— Claro, aqui, fica com essa aqui.

— Essa? E essa aqui? — insistiu, balançando ligeiramente para a frente e para trás.

— Não, essa eu não posso te dar. É a minha base.

— Hum, e se eu trocar essa e essa por aquela?

— Aqui, pode ficar com essas duas.

— Mas você vai mandar todas as fotos pra gente também, né? — perguntou ela com urgência.

— Sim.

— Beleza então. Pode relaxar — brincou Laura.

Chris deu uma piscadela, juntando todos os aparelhos escuros como pistolas nos devidos lugares.

— JT, *adieu*. — Ele se inclinou para me abraçar, mas eu me encolhi. — Ah, verdade. Eu compreendo. Foi uma honra passar um tempo contigo, cara. — Ele se virou. — Speedie, foi uma honra te conhecer também. Vou me lembrar do seu chocolate na próxima.

— É melhor mesmo, senão os deuses vão te chicotear à noite até você lembrar.

— Tchau — sussurrei.

Da entrada, observamos ele ribombar pela escada íngreme, o equipamento chacoalhando ao seu lado. Chris acenou mais uma vez e fechou a porta atrás de si.

Laura esperou um momento, como se estivesse contando os passos dele, e então falou:

— Foi foda. Muito foda.

Ainda tentando falar grosso, eu disse:

— Não consigo fazer essa voz. Acho que ele sacou.

— Não sacou nada. Foi perfeito.

— Você devia ter me preparado melhor. Fica um troço óbvio quando ele me pergunta onde moro e não sei responder. — Joguei a maldita peruca azul longe e comecei a me coçar violentamente. — Tenho que tirar essa merda de faixa. Acho que meus peitos vão murchar até cair.

— Aqui, eu te ajudo. Ah, deixa eu ver o chocolate... — Enquanto lia o rótulo, continuou: — As pessoas não ligam. Esses detalhes não importam. Elas acreditam no que querem. Eu percebi há anos que, se estou falando com alguém que me conhece de um jeito, posso mudar de voz depois de um tempo que a pessoa nem percebe, porque já formou uma imagem de mim que fica arraigada na consciência. Quase nunca questionam o que contamos. Por que questionariam? Eu nunca questiono. Então, esses detalhes, a não ser que seja uma merda muito bizarra, não têm importância. E mesmo assim eu vou estar do seu lado. Você foi ótima.

— Eu sei que não importa porque não vou fazer isso de novo — falei, irritada, tirando a camiseta e soltando a presilha da faixa compressora, que permaneceu tão intacta e dura como uma calça molhada esquecida numa tempestade de neve.

Joguei a presilha no colo da Laura, que me ajudou a tirar a faixa ao mesmo tempo que segurava a barra de chocolate. Ela leu o percentual de cacau e murmurou:

— Hershey's metido a besta. Todo mundo acha que o JT é uma bichinha.

Depois que soltei a bandagem, larguei o troço embolado no sofá. Aquilo lembrava peles soltas e partes do corpo boiando em potes de formol. Meus peitos pareciam maçarocas machucadas e marcadas, e rapidinho voltei a vestir a camiseta.

— Posso dar uma olhada na sua cozinha? — perguntou Laura.

Assenti. Isso se tornaria um ritual sempre que entrávamos na casa de alguém.

Fui andando com ela, esfregando os peitos para aumentar a circulação. As conversas dos vizinhos chegavam flutuando até nossas janelas. A luz de uma lâmpada nua refletia no balcão de fórmica, que eu tinha esfregado algumas horas antes. A limpeza era uma mudança bem-vinda, considerando as migalhas de comida, manchas de café, guimbas de cigarro e nacos de manteiga que nós, moradores, deixávamos como sacrifício coletivo.

Laura abriu nossa geladeira úmida, e pude sentir sua decepção. Naomi só comia vegetais, peixe e arroz. Eu insistia em comprar acelga, mas nunca cozinhava. Os garotos só tinham potes ensebados com condimentos e uma caixa de mistura para pão de milho. Fisguei uma laranja do fundo da prateleira e passei para ela. Apoiadas no balcão, observamos o espaço aberto às escuras. Os lençóis, que separavam os espaços pessoais dos meus colegas de quarto, ondulavam na brisa que vinha da porta de carga aberta. Fiquei observando Laura descascar a laranja. Seu dedão esquerdo estendido era torto para um dos lados. Como descobri depois, toda noite antes de dormir ela o enfiava na boca, enganchando o nariz com o indicador e muitas vezes proclamando: "Hora do cigarrinho."

— Sabe, acho que você só tem que se acostumar.

— Eu não fui feita pra isso — falei.

— Você foi perfeita, porra.

Fiquei em silêncio.

Dividimos os gomos da laranja, mastigando as cascas enquanto esperávamos seu táxi.

Vinte minutos depois que ela foi embora, meu telefone tocou. Como era seu hábito, ela perguntou:

— Você está em um telefone com fio?

— Sabe que só tenho um telefone e é sem fio.

— Tem que arrumar um telefone com fio.

— Não precisa se preocupar com isso — respondi, irascível. — Estou ótima assim.

— Então, escuta — falou ela, com um pigarro. — Eu tenho uma outra reunião marcada. Em duas semanas. — E descreveu a futura reunião com Gus Van Sant. — Você pintaria as sobrancelhas de loiro? Vou marcar uma hora e você pode fazer outra depilação. Daquelas com cera, caras.

— Por que eu teria que pintar as sobrancelhas?

— É um bom disfarce.

Não fazia sentido nenhum. Com certeza eu chamaria mais atenção com sobrancelhas platinadas.

— Não vou fazer isso de novo...

Eu poderia ter parado. Parte de mim queria, mas eu também estava intrigada. Fingir ser JT era como começar um caso. Até nos momentos mais cotidianos eu me sentia energizada.

No dia seguinte, me preparando para o turno do almoço no Basil, arrumei fatias de limão com suas respectivas fileiras de copos de água gelada e relembrei os melhores momentos do ensaio fotográfico.

Acabei pintando as sobrancelhas de loiro. O cabelo também.

Haute Cuisine

EMBORA JÁ ESTIVESSE ATRASADA, decidi comprar um café amargo na delicatéssen do Sr. Pickles. Ignorando o toque repetitivo do meu celular, girei a roda dianteira da bicicleta no meio-fio e parei perto da placa de compensado do Sr. Pickles em pessoa. Ele tinha sido pintado com o mesmo tom vulgar de verde dos dois lados, e usava um sombreiro e um coldre armado com "MOSTA", o R, D e A descascados. Meu telefone tocou de novo. Laura de novo. Tínhamos nos falado fazia uns quinze minutos. Ela estava nervosa porque Gus Van Sant, o diretor, estava vindo conversar sobre comprar os direitos de adaptação do romance de JT *Sarah*. Ele ia trazer Mike Pitt, um ator descoberto nas ruas e que tinha se tornado ídolo adolescente depois de uma aparição no seriado *Dawson's Creek*. Eu também estava nervosa. Virei o café, entrando em uma leve histeria. Amassei o copo de papel, joguei-o em uma lata de lixo e subi na bicicleta.

Toquei a campainha do apartamento de Geoff e Laura. Ao abrir a porta, ele falou, muito gentil:

— Ei, você chegou.

Meu irmão estava usando um jeans escuro e uma camisa com estampa indiana desabotoada, revelando o peito liso. Isso era bem mais chamativo que seu uniforme usual de calça de veludo cotelê e moletom.

— Você está todo bonitão.

— É? Estou achando meu cabelo estranho, ruim.

— Não, você está ótimo — repeti, subindo a escada. — Desculpa pelo atraso.

Atrasada e pedindo desculpas pelo atraso, como sempre.

— Não tem problema. A gente ainda não tá pronto mesmo. Você quer comer alguma coisa? A Laura ainda está se vestindo.

— Aceito um copo de água.

Laura me chamou em uma voz tímida:

— Savanni, você pode vir aqui um minuto?

No meio do quarto havia um colchão king size, com um emaranhado de cobertas, roupas limpas e roupas usadas. Em um lado do quarto havia um armário embutido com gavetas. Cortinas com estampa de frutas tapavam a única janela na parede dos fundos, tingindo o quarto com um tom esverdeado. Laura, com o seu vestido largo e estampado de sempre, estava enfiada no armário, jogando sandálias de salto alto de cores variadas na faixa estreita de chão entre ela e a cama. Quase dava para medir a importância da reunião pela altura da pilha de roupas. Se *Sarah* virasse um filme, isso poderia significar o fim daquela vida em apartamentos escuros e caindo aos pedaços, de preocupações financeiras diárias, além da possibilidade de algumas músicas de Geoff na trilha sonora, e quem sabe até um contrato fonográfico. O potencial inestimável me fez querer mergulhar no armário junto com Laura e começar a jogar sapatos para o alto com ela. Esperei ela dar as instruções — o que ela e Gus tinham discutido sobre a venda dos direitos, detalhes de sua amizade, o que ela dissera a Mike Pitt para convencê-lo a vir com Gus. Confesso que minha apreensão também vinha do fato de que eu era uma grande fã do trabalho de Gus desde que vira *Drugstore Cowboy* aos 13 anos. Eu assistira ao filme inúmeras vezes, tinha decorado as falas. Enquanto Laura desaparecia no armário bambo, dei uma olhada na cama procurando um chapéu, a maior das ilusões.

— O que você acha dessas? — murmurou ela, erguendo um par de sandálias pretas.

— Legal.

Então ela foi para o corredor e colocou-as no chão no início da escada. Esperei no batente da porta do quarto.

— Geoff — chamou ela, um pouco mais estridente que antes, mas ainda gentil —, você tirou a cadeirinha do carro? A gente precisa sair agora. — Ela olhou para mim um pouco desesperada e pediu: — Ei, pode me ajudar aqui?

Obedientemente a segui para a cozinha. De trás de uma cortina de sarongue antes da dispensa ela tirou duas sacolas da Neiman Marcus e falou, orgulhosa:

— Achei na lata de reciclagem dos vizinhos.

Ela começou a encher as sacolas com garrafas de azeite, chocolates chiques, geleia de pimenta, balinhas de gelatina, peixinhos da sorte e duas canecas do Cheat River de verdade, que nem no livro *Sarah*.

— Olha, Cheat River.

— É, consegui essas bem a tempo.

— Então, o que você queria me falar sobre Gus? — perguntei, cheia de dedos.

— Gus, verdade. Meu deus, desculpa por estar tão maluca. Ah...

— Pode ser qualquer detalhe. Eu só não quero entrar lá sem saber de nada.

— A gente falou sobre, hum, os direitos, mas eu falei que não tinha certeza, então pode falar isso. Pode deixar em aberto. E eu falei rapidinho com Mike pelo telefone, e ele parece, tipo, bem confuso. Ele nem sabia ao certo a que pé a gente está. Mas ele parece simpático.

Franzi a testa e perguntei:

— Mais alguma coisa?

Mordendo a cutícula do dedão, ela respondeu:

— Vamos ver... eu vou lembrar o resto.

Laura me levou até o alto da escada, calçou os sapatos e me passou as perucas. Coloquei a ruiva na cabeça dela, ajustando para que não ficasse torta. Ela ficou com um aspecto tão frágil e pálido debaixo daquele cabelo de nylon vermelho. Tinha perdido muito peso nas últimas semanas, desde a primeira sessão de fotos. Pôs um chapéu de palha com uma florzinha branca na faixa. Sem muito cuidado, coloquei minha peruca azul e os óculos. Geoff deixou a cadeirinha atrás da porta de entrada. Ele se apoiou no corrimão, balançando o polegar e o dedo mínimo como um solo de bateria e chamou:

— Vocês acabaram aí?

Geoff parou com o motor ligado na área de embarque e desembarque na frente do hotel. Dando uma olhada no retrovisor, ajeitou a franja, tentando esconder a calvície que já começava a aparecer. Nosso pai ficara oficialmente careca antes dos 29, e levando isso em consideração, Geoff não estava tão mal. Ele só tinha 33 anos, mas sabia que não podia demorar muito para estourar na música — ninguém ia dar atenção a um roqueiro calvo. Enquanto isso, Laura ligou para o telefone do quarto de Gus e falou com ele no sotaque sulista de JT:

— Ei, pessoal, estamos esperando aqui embaixo.

No banco de trás, repeti suas palavras baixinho, tentando imitar a cadência da sua fala. Mike e Gus invadiram o banco de trás como uma onda. Mike se apertou no meio, e Gus se inclinou por cima dele para apertar minha mão. Baixei a cabeça e estiquei a mão direita meio mole, rosnando um "oi, oi" quase inaudível. Eu tinha certeza de que minha voz ia me entregar. Imaginei Gus pensando consigo mesmo: "Essa não parece a pessoa com quem eu acabei de falar no telefone." Depois de uns segundos de silêncio constrangido, Mike agarrou meus ombros e disse com convicção:

— Você não precisa ficar tímido com a gente. Aqui, trouxe um negócio pra você.

Seu rosto estava corado, e seus lábios eram de um cor-de-rosa tão forte que pareciam maquiados. Frank e Chuckie, meus colegas de quarto, teriam desmaiado com aquele estilo melancólico e infantil. Os traços eram delicados como os de uma boneca. Seu cabelo estiloso cobria os olhos azuis-esverdeados sonhadores. Senti um pouco de inveja por ele realmente ter vindo de baixo e dado a volta por cima, um Oliver Twist da vida real. Ao mesmo tempo, não conseguia não ser conquistada pela sua beleza.

Da mochila, com um floreio de mágico, ele tirou uma tanga de malha branca com uma borda de renda verde-clara, feita para esconder o volume do pênis, e um sutiã de aro combinando, feito para colocar enchimento. Senti o rosto corar.

Laura, virando-se no banco dianteiro, comemorou:

— Uau, que foda. — Então ela pegou as sacolas da Neiman Marcus e as empurrou para o banco de trás, falando no seu sotaque britânico: — Olha, JT trouxe presentes também!

Geoff foi mais fundo no trânsito enquanto Gus e Mike avaliavam o conteúdo das sacolas. Gus puxou a geleia de pimenta e assentiu para mim em aprovação, enquanto Mike pegava o pacote de jujubas em formato de hambúrguer e, abrindo-o, sussurrou para mim:

— Sua bichinha pobretona!

Laura ainda estava de lado no banco e falou:

— Então, Gus, Mike, eu sou a Speedie — e apontou para Geoff — e esse é Astor, meu companheiro.

— Sim, JT me falou muito sobre vocês. É um prazer finalmente conhecê-los — respondeu Gus.

— Falando da gente, hein, JT? Espero que não tenha dito nada vergonhoso sobre o Astor, hein? — E cutucou o braço de Geoff com o cotovelo, dando a entender mil conexões sórdidas que eu não queria nem começar a considerar sobre a minha família.

— JT só me falou coisas maravilhosas sobre vocês — assegurou Gus.

Geoff pigarreou sem jeito, assentiu pelo retrovisor e perguntou:

— É a primeira vez que vocês vêm para São Francisco?

Em voz baixa, Gus respondeu que já tinha visitado a cidade antes. Ele apoiou o cotovelo na janela fechada e pousou o queixo na mão. Usava um suéter simples de gola redonda azul-claro e uma camisa cor de creme.

Era pequeno, com uma cabeça grande e cabelo castanho-claro comprido demais. Seus olhos eram de um âmbar profundo, como seiva de árvore. Enquanto explicava que estava morando em Portland já havia algum tempo, não olhava para Laura ou Geoff diretamente, mas sim para a paisagem do lado de fora da janela. Eu me lembrei de uma das minhas cenas favoritas de *Drugstore Cowboy*, em que o personagem de Matt Dillon está doidão e tem fantasias de fuga — coelhos, colheres, chaves passando pela luz branca da janela traseira. Eu queria perguntar a Gus se ele tinha compilado a trilha sonora do filme sozinho, mas imaginei que JT não faria uma pergunta tão puxa-saco. Enquanto isso, Laura e ele conversavam sobre os preços absurdos das casas vitorianas em Noe Valley. Era impressionante como ela sabia manter a conversa-fiada.

Fomos até Twin Peaks. O céu estava de um azul sem nuvens. Demos a volta na colina e seguimos para Presidio enquanto Laura falava sem parar, apontando suas casas favoritas. Continuei em silêncio, suspirando de vez em quando, minha cabeça pendendo como uma flor desidratada, as mãos dobradas no colo. Senti Mike me encarando. Eu também roubava uns vislumbres, me sentindo na oitava série, trocando olhares com um dos meninos populares. A perna dele apertava a minha com a pressão gentil imposta pelo banco traseiro. Por fim ele disse:

— Você não precisa ficar tímido comigo, JT. Posso ver seus olhos?

Eu abri e fechei a boca algumas vezes como um peixe dourado. Laura pulou no banco.

— Vamos, JT, pode tirar os óculos! Você ouviu. Não seja tímido!

— Eu, ah, hum, eu não, hum... — sussurrei, que nem uma idiota, com a plena consciência de que estava parecendo uma garota.

Gus me observou, curioso. Mike, os lábios entreabertos, coçou os tornozelos com as unhas longas (estranhamente longas, pensei) e insistiu:

— Vamos lá, JT.

Balancei a cabeça de um lado para o outro, sentindo a peruca vacilar. Com uma voz que mais parecia a do Bisonho, o burrinho do Ursinho Pooh, falei:

— Tá bom.

Eu ainda não tinha falado uma palavra, e não achava que eles estivessem duvidando da minha inteligência. Meu silêncio era mais cativante. Tirei os óculos escuros de forma hesitante e dramática, piscando como um filhote de roedor assustado. Eis aqui, pensei, as janelas para a minha alma traiçoeira.

— Não são lindos? Ele não é angelical? — falou Laura efusivamente.

— Dava para ver que precisava de proteção nas ruas. É tão delicado. Conseguem imaginar a fila de caras atrás dele?

Geoff riu do exagero.

— É — concordou Mike. — Você tem olhos lindos, JT. Por que se esforça tanto para escondê-los?

Porque é um disfarce, pensei.

Não conseguia imaginar o que Gus estava pensando. Era um cara muito reservado. Dava para sentir que ele estava absorvendo aquela cena, aproveitando o silêncio bizarro que se seguia. Eu abri minha janela. Geoff acelerou pelas ruelas arborizadas de Presidio, a mesma rota que eu atravessava de bicicleta todos os dias. A grama ao longo das ruas ainda estava bem verde depois de um mês de chuvas. Nós passamos pelo sanatório abandonado. Pensei em mencionar alguma coisa sobre o lugar, mas só dei uma risadinha para mim mesma.

A caminho de Sea Cliff, Geoff passou por uma mansão de estuque bege.

— Essa é a casa do Robin Williams! — gritou Laura, animada. Ela cacarejou por um tempo sobre como o ator tinha lido os livros de JT e mandado uma mensagem bem legal sobre eles.

Estacionamos perto de uma escadaria íngreme de cimento que dava numa prainha com cara de cena de crime em um filme do Hitchcock.

— Aqui — falou Gus, satisfeito. — Esse é o lugar. Vamos tirar umas fotos aqui.

Um cachecol de lã cinza cobria meu pescoço e meu queixo. Nós cinco paramos no corrimão de metal e nos inclinamos para a frente.

As ondas lá embaixo banhavam toda a praia de pedrinhas escuras. O oceano Pacífico se estendia além. A espuma flutuava pelo ar como dentes-de-leão, grudando nos degraus e nos arbustos em volta.

— Preciso tirar uma foto de vocês — falou Laura, erguendo o quadril para vasculhar a bolsa preta suja, de onde tirou a câmera descartável, e fez a gente se juntar. — Certo, *Mozoltov*!

Mike abraçou Geoff e a mim. Gus ficou de braços cruzados, afastado. Laura olhou para ele e perguntou:

— Estou roubando a sua foto?

— Não, eu não me importo de esperar um pouco — respondeu ele.

— Certo, então, vamos lá — falou Laura, gesticulando para que ele se juntasse a nós e dando pulinhos no mesmo lugar.

Percebi que estava sentindo frio nos pés, nas suas meias diáfanas e sandálias pesadas.

Gus, hesitante, se aproximou de Geoff, ainda de braços cruzados. Laura baixou o queixo com um olhar significativo para mim, e então tirou três fotos seguidas.

Mike estremeceu e disse:

— Vamos nessa. Meu saco está congelando aqui.

— É, total — concordou Geoff.

Seguindo-os pela escada de cimento texturizado abaixo, cataloguei essa expressão com "saco" para uso futuro.

As pedrinhas pretas da praia estalavam como neve fresca sob os nossos pés. Pequenas águas-vivas mortas refletiam o frio sol invernal. Gus pediu que eu ficasse de pé em uma ravina repleta de galhos trazidos pelas ondas. Isopor azul, garrafas plásticas, um relógio antigo e um liquidificador adornavam a madeira lustrosa e retorcida. Ergui a mão até a bochecha para esconder meu piercing "Marilyn" acima do lábio: uma miss em estado de falsa surpresa. Geoff e Mike assistiam, encolhidos contra o vento, cada um com a cabeça enfiada no seu casaco como duas aves no poleiro. Fiquei ali, paralisada, com os ombros encolhidos no que estava se tornando minha pose clássica.

Depois de tirar umas vinte fotos nessa mesma posição, Gus falou:

— Dá pra ver que você não fica à vontade com isso, JT.

Eu assenti. Gus mexeu por um momento na abertura do diafragma da câmera.

Laura se aproximou e sussurrou:

— Pergunte se você pode pegar umas coisas no frigobar dele depois, tá?

Eu a enxotei.

Tentando fazer com que a minha voz fosse ouvida em meio ao barulho do vento, me virei para Gus e falei:

— Meu saco está gelado. — Ele tinha me ouvido? Não parecia. Tentei de novo. — Meu saco gelado está prestes a congelar.

Sem responder meu comentário, Gus falou:

— Vou tirar umas fotos enquanto você sobe a escada.

Mike me alcançou e subimos juntos.

— Quanto tempo? — perguntei, começando a ficar ofegante. — Quanto tempo você ficou nas ruas?

— Alguns anos... E você?

Eu não tinha ideia de quanto tempo tinha passado nas ruas. Achei que ele podia trocar ideias com Gus mais tarde e as histórias não iam bater. Em vez de responder, falei:

— Ela me salvou. E Terry, meu terapeuta. Não sei onde estaria sem eles.

— Pois é — concordou Mike, dando uma olhada em Laura.

Mantive as mãos atrás das costas, os dedos de uma envolvendo o pulso da outra. Era assim que eu tinha visto minha mãe subir escadas tantas vezes. Quando ouvi os cliques da câmera de Gus, logo as enfiei nos bolsos.

— Espera um pouco, JT — instruiu Gus.

Ele tirou mais algumas fotos de mim olhando para meus tênis.

Eu tremia e mordia o lábio, exagerando meu desconforto.

Mike riu.

— Você é bem surtadinho, hein, JT?

Dei um sorriso tímido para ele. Virando para Gus, perguntei:

— Acabou?

— Vamos comer! — exclamou Laura.

Gus olhou para o relógio e respondeu:

— Bem, a reserva é pra daqui a uma hora, mas acho que tudo bem.

Esfregando as mãos gentilmente, o *maître* do Charles Nob Hill nos cumprimentou.

— Monsieur Van Sant, estamos tão felizes de recebê-lo esta noite. — Ele olhou para o restante de nós com um pouco de desprezo e continuou: — Por favor, me sigam. Sua mesa está pronta.

Ele nos levou da sala de espera para um elegante salão de jantar com teto abobadado. Junto às paredes havia uma fileira de suntuosos sofás de couro. A cozinha era fechada, com duas portas vaivém que rangiam quando os garçons de terno corriam para atender os outros três grupos ocupando pontos opostos do salão. O *maître* apontou graciosamente para uma mesa redonda no meio do restaurante. Passamos por um casal de meia-idade, ela com cabelo loiro pintado na altura dos ombros e um terninho Chanel. Ele tinha o rosto corado de quem gostava de uns drinques e usava camisa cor-de-rosa, blazer azul com botões dourados e um Rolex. Eles me faziam lembrar dos pais de algumas das garotas que estudavam no meu colégio interno. Os dois ergueram os olhos dos menus para nos avaliar quando passamos.

Comecei a sentar. O *maître* puxou uma cadeira que mais parecia um trono e me esperou sentar. Eu fiz isso rápido e logo me levantei, como se tivesse um prego no assento. Agarrei a mão de Laura e sussurrei:

— Tenho que mijar.

Fiquei bem contente com o meu improviso e fui direto para a porta com a silhueta dourada de um cavalheiro. O *maître* me viu e interrompeu:

— Não, madame, esse é para monsieurs.

Ergui o queixo e vociferei:

— Eu *sou* um garoto! — Torci para que minha mesa tivesse ouvido, e pensei em como Hilo, meu ex, olhava para as pessoas que o confundiam com uma garota. Fiz uma cara feia para o *maître* e empurrei a porta com força para pontuar meu aspecto exageradamente ofendido; eu teria que agradecer a Hilo se o visse novamente.

O banheiro cheirava a talco e perfume. O papel de parede francês retratava cenas repetidas de ovelhas e carvalhos, garotinhos, pastores e mulheres com anáguas. Sentei-me no vaso com um suspiro enquanto fazia o que estava ali para fazer. Depois de terminar, continuei sentada por um tempo, perguntando-me como seria fazer xixi em pé. Lavei as mãos em uma pia dourada e as sequei com uma daquelas toalhas de papel grossas que ficam em um meio-termo entre papel e tecido e sempre parecem um desperdício jogar fora. Tirei os óculos e os limpei com a toalha úmida, só para usá-la mais um pouco. Virei a lata de lixo dourada vazia e fiquei em pé sobre ela. Minha bunda parecia maior na calça de veludo cotelê azul-claro com joelhos gastos e bainhas descosturadas, mas a camisa era ótima, uma camisa de pijama xadrez dos anos 1950 com botões de coração. Tentei escolher roupas que lembravam o estilo do garoto na foto de autor no verso de *Sarah*. Era estranho tentar parecer um fantasma. Arranquei a peruca, fechando os olhos por um segundo, e comecei a coçar a cabeça vigorosamente, dizendo-me novamente que aquela noite de excessos poderia ser divertida, não poderia? Eu tinha frequentado um colégio interno e sabia bem das regras da classe média alta — não se fala sobre dinheiro, não se faz perguntas pessoais, nem se pede para pegar umas coisas no frigobar dos outros. Eu sabia qual garfo usar para a salada e qual colher usar para a sopa. Sem a peruca, Savannah poderia ter se sentado à mesa daquele casal conservador e provavelmente conquistado os dois sem pensar duas vezes. Não. Coloquei a peruca de volta na cabeça. Seria muito mais interessante unir forças com Laura e Geoff e esquecer todas as convenções, propriedades e inibições que me atariam em um espartilho moderno da mediocridade.

Quando voltei para a mesa, Laura me perguntou:

— JT, você quer o peixe? Eu vou pedir o frango inteiro. Tô grávida, sabe? — Essa pergunta foi direcionada ao Mike.

Eu ri sem querer. Nunca tinha usado a desculpa de "estar grávida"; em geral preferia o "não comi nada o dia todo".

— Uau, não sabia — respondeu Mike, com uma risadinha.

Ele tinha tirado o moletom e estava usando uma camiseta listrada que de tão gasta tinha ficado transparente. Eu vi a mulher loira e o marido na mesa ao lado o avaliando, enojados e ao mesmo tempo fascinados, como se estivessem assistindo a um filme pornô ou a um acidente de carro.

— Acho que vou querer as costeletas de porco — falei.

— Argh, porco — reclamou Geoff.

Laura fez cara feia.

— Você não come porco, JT! Astor — disse para Geoff —, você vai pedir o peixe, e o JT vai pedir a codorna, e eu, o frango. É isso. Ah, minha nossa, olha o Gus lendo a carta de vinhos como se fossem as sagradas escrituras!

Ele estava segurando os óculos de aro de metal na frente de um dos olhos, como um monóculo.

— Hum — ronronou Gus. — Eles têm vinhos ótimos.

Um auxiliar de cozinha com cabelo penteado para trás e uma camisa de gola padre chegou com uma cesta. Mantinha o pegador a postos e um guardanapo branco engomado dobrado no braço. Ao parar ao lado de cada um de nós, o rapaz se inclinou com cerimônia, revelando o conteúdo da cesta. O pão estava ordenado do mais claro ao mais escuro.

— Figo, levedura, fermentação natural, azeitona preta — repetia ele em voz baixa, como se recitando liturgia.

Então graciosamente serviu os pães com o pegador nos pratos. Quando terminou, o auxiliar deu um passo para trás, fez uma cortesia e, muito sério, rearrumou as fatias restantes em um arranjo contínuo.

— O que você acha, Speedie? — perguntou Gus. — Chateau Lafite? Um Pommard? Um bom Bordô, talvez?

Ela abriu um sorriso charmoso.

— Esse é aquele cor-de-rosa e espumante? Você acha que eu sei alguma merda sobre vinho? O JT é que tem o gosto refinado por aqui. Ele que me fez gostar de chocolate *bonne*. Se bem que ainda me lembro da época em que ele só comia barras de Snickers. Olhe pra ele agora, tá todo metidão com esse talento!

— E você vai entrar nessa comigo, Speedie — falei.

Que divertido, muito divertido isso.

Gus riu com complacência quando Geoff se inclinou para mim e perguntou, a testa franzida:

— Você não vai pedir as costeletas, vai? Não devia comer essas coisas. Tipo, esse é um restaurante chique, mas não tem nenhum aviso no menu sobre a procedência da carne. Essas costeletas podem ter vindo de Porcoshwitz. Vou checar se o peixe é fresco, do contrário, vou dizer que sou vegetariano.

De repente, o garçom apareceu e anunciou:

— Ostras Rockfeller. *Bon appetit.*

Uma tropa de cinco garçons entregou a cada um do grupo uma pesada colher de sopa de porcelana com uma gota de algo verde e viscoso com um raminho de salsa em cima.

Sem mais formalidade, Mike virou o troço de uma só vez, como um shot de tequila, batendo a colher nos dentes.

— Ai — reclamou ele, esfregando a língua com o guardanapo. — Tem gosto de meleca. Acho que quebrei um dente.

Os *voyeurs* na mesa ao lado balançaram a cabeça, horrorizados. Gus olhou para Mike com carinho e lamentou:

— *Pauvre.*

Mike engoliu um belo gole de vinho e insistiu:

— Vai me dizer que não tem gosto de meleca?

— Tem mesmo — concordou Laura.

— Frutos do mar e coisas do tipo me dão enjoo — falou Geoff. — Gosto de rolinho Califórnia, o abacate e o arroz dão uma disfarçada. Mas esse troço... Só de olhar me dá enjoo. Eu não vou conseguir comer o meu. Você quer, Mike?

— Não, cara, come você. Não é justo. Essa merda é um nojo. Você não foi torturado como a gente. O chef fez especialmente para você também. Astor, pode comer.

— Não, não consigo — insistiu Geoff, rindo.

O garçom do pão, com a gola padre, voltou para a mesa.

— Não comam muito pão, pessoal — avisou Laura. — Não faz bem se encher de carboidratos.

— Tudo bem, senhorita Speedie dieta de Atkins — brincou Mike.

— É isso aí — concordou Laura com uma risadinha, pegando então cinco fatias de pão, que amarrou num guardanapo. Ela piscou para o garçom de forma timidamente sedutora e perguntou: — Você teria outro guardanapo para me ceder, por favor?

Quando o garçom recuou, Mike esticou a mão e agarrou mais umas fatias da cesta. O padre do pão gaguejou, ultrajado, depois se retirou de repente.

— Agora você estragou minhas chances de conseguir outro guardanapo com aquele cara, Mike! — gritou Laura.

— Desculpa, o que eu fiz? — perguntou ele, balançando o pão entre os dentes como um cachorro selvagem.

O outro garçom pigarreou.

— Eu vou querer o frango, e meu amiguinho aqui vai comer a codorna, e o salmão defumado de entrada — começou Laura. — Astor, querido, você vai comer o peixe. Vamos ver, e eu vou querer também uma salada para começar. Acho que a gente devia pedir algumas coisas para dividir, o que acham? Um desses suflês de alcachofra e talvez umas vieiras *au Corsica*? Astor, querido, o que você vai pedir de entrada?

Respirei fundo e mordi a língua ao olhar para o menu. Na parte de baixo dizia: Três pratos *prix fixe* $189. Laura estender a mão, tocou meu braço de um jeito maternal e sussurrou:

— Eu divido meu frango com você.

Mike, do outro lado da mesa, gritou:

— JT, você é tão tímido. Por que não se solta um pouco?

Dei de ombros, percebendo que ele estava me encarando com flerte no olhar, aqueles olhos delicados azuis-esverdeados. Fiquei confusa e dei uma olhadela para Gus, que ria disfarçadamente. Mike se debruçou na mesa, quase derrubando a taça de vinho, e continuou:

— Quero que ouça minha música, JT. Você vai gostar.

— Hum, eu adoraria.

— JT, acho que a gente tem muito em comum.

— Também acho — intrometeu-se Laura.

Mike se esticou ainda mais na mesa.

— Quer fumar um cigarrinho comigo?

— Porra — exclamou Laura, erguendo as mãos. — O JT não devia fumar, só entre as refeições! Podem ir, vocês. — Deu uns tapinhas encorajadores no meu ombro.

Eu me encolhi. O que faria sozinha? O que poderia falar pra ele? Olhei de Mike para Gus para Mike de novo e murmurei:

— Tá bem, vamos fumar.

Abrigados pelo toldo verde-floresta, tropeçamos pelos degraus, sujando o corrimão de cobre com os dedos melados de manteiga. Cercas-vivas bem fechadas envolviam o prédio alto dos anos 1930. Dava para ouvir o zumbido distante dos bondes. Mike enfiou um Camel entre os lábios grossos, depois bateu no maço para me oferecer um. Ele fez conchinha com as mãos e acendeu o cigarro, depois deu uma tragada longa, fitando-me o tempo todo. Então me passou o isqueiro e me enrolei toda com ele, perguntando-me o que diria. Mike não tirava os olhos de mim, e eu senti o gosto da fumaça no fundo da garganta. A sensação era a mesma insegurança intensa que sempre vem antes de um beijo. Engoli em seco, pouco à vontade, na hora em que a porta pesada se abriu no topo da escada. De repente, Laura surgiu, segurando a câmera descartável. Não acreditei em como fiquei aliviada por vê-la, por ouvir seu sotaque britânico falso e alegre.

— Ahá! — apontou ela, acusadoramente. — Peguei vocês: fumando e sujando as unhas! Que carinhas mais indecentes! Vocês deveriam ter vergonha... e essa peruca suja!

Ergui as mãos, mostrando minhas unhas roídas. Laura continuou, agora apontando para Mike:

— E você, com esse seu batom!

— Eu não uso batom, Speedie! Minha boca é assim mesmo!

— Até parece. JT tirou umas fotos semana passada e passou batom. Foi foda! E nem trepou com o fotógrafo. Eu fiquei tão orgulhosa, JT. — Então ela comentou em um tom conspiratório, como se eu não estivesse presente: — Antigamente ele transava com qualquer um que fizesse um elogio.

— Sério, JT? Não consigo imaginar você tão, tipo, atirado.

— Era mais uma resignação, sabe? Como um cachorro deitado, virando a barriga para cima. — Então, erguendo a câmera, Laura perguntou: — Posso tirar uma foto de vocês fumando?

— Por que você está sempre tirando fotos?

— Porque JT é a minha família. E vocês ficam tão bonitinhos juntos. Mike me abraçou e inclinou o rosto para o meu pescoço.

— Que lindo! — exclamou Laura.

Ergui meu cigarro com um trejeito afetado, soltando a fumaça com força, como Chuckie e Frankie faziam quando traziam alguém para o loft. Fingi arabescos no ar, erguendo o cigarro e depois baixando-o e levando-o aos lábios de novo.

— Por que vocês não se beijam?

Mike e eu tocamos as bochechas um do outro com o nariz, depois trocamos um selinho infantil. Laura clicou a cena. O flash fez um barulho agudo como um grito.

— Mas você precisa ter cuidado, porque não quero que isso chegue até meu agente — falou Mike, nervoso.

Laura piscou e soltou risadinhas irônicas.

— Já até vejo as manchetes: "Ídolo jovem vai com tudo para cima de JT LeRoy!"

Mike olhou para ela com uma cara de "isso não é brincadeira".

— Não se preocupe, a gente não vai fazer isso.

— Mas você não trabalhou em *Hedwig: Rock, amor e traição*? — comentei.

— Meu agente não gostou nada disso — respondeu Mike. — Mas eu adorei seus livros, JT. Então fodam-se eles.

Laura e eu trocamos um sorriso, então ela disse:

— Vamos voltar para o jantar!

Assim que nos sentamos, com a ajuda do *maître*, que insistiu em puxar a cadeira para mim, os garçons trouxeram os acompanhamentos. Eles tiverem que rearrumar alguns pratos de pão para abrir espaço para o suflê e as vieiras extras. Devorei o salmão em algumas garfadas, esfomeada depois de passar a tarde no frio.

Geoff sorriu para mim e falou:

— Seria muito legal se Hennessey estivesse aqui. Ela adoraria este lugar.

Um alarme soou na minha cabeça: como ele podia mencionar o nome da nossa irmã assim, tão descuidadamente?

Laura lambeu a colher e, com uma exclamação elogiosa, deu uma piscadela para Geoff, soprando um beijo para ele. Meu irmão riu, à vontade, e pegou o beijo no ar.

A seguir, a turba de garçons voltou trazendo um creme de lagosta com caviar, que foi muito mais bem recebido que o aperitivo anterior. Senti meu rosto corado com o vinho. Quando as entradas chegaram, nos jogamos com gosto, embora depois de algumas garfadas eu tenha sentido a roupa de baixo de menininho começar a apertar minha barriga. Continuei comendo mesmo assim. Laura passou os legumes para Geoff.

— Gostou da escolha de restaurante, JT? — perguntou Gus.

— Gus — interrompeu Laura. — Esse é um prazer pelo qual ele esperou a vida inteira. Aqui, JT, experimente o peixe do Astor. — Ela trocou nossos pratos na hora.

Dei uma olhada no peixe, branco com pequenas veias cinzentas correndo pela posta. Então ergui os olhos.

— Obrigado, Gus. É tudo bem incrível mesmo.

Laura se inclinou para mim e falou em um sussurro alto:

— Pergunta se você pode pegar umas coisas no frigobar dele.

Eu apertei o maxilar e sussurrei, entre dentes:

— Agora não.

— É claro que você pode pegar umas coisas no frigobar, JT. Depois do jantar.

— Você ouviu? — perguntei, envergonhada.

— Você é muito bondoso, tio Gus — comentou Laura, apontando para ele com o dedo longo brilhando com gordura do frango.

— É um dos meus pontos fortes.

Os garçons retiraram os pratos e imediatamente limparam as migalhas da toalha de mesa branca. Enquanto isso, um deles recitava uma longa lista de sobremesas. Eu ouvia, atenta, e era como se uma represa estivesse explodindo dentro de mim.

— O suflê de Grand Marnier parece uma delícia — comentou Geoff.

— Eu vou querer essa parada quente de chocolate — escolheu Mike.

— Quero o sorbet de romã e toranja — disse Gus.

De repente, Laura deu um grito, apontando para mim.

— Ah! É aniversário desse garotinho aqui. Você pode trazer uma amostra de tudo no menu?

— Madame? — perguntou o garçom, confuso.

— Uma amostra — repetiu Laura. — De tudo.

— Um momento, madame, permita-me conferir com o chef.

— Ah — lembrou ela. — Pode trazer um mocaccino duplo também?

— Madame?

— Hum, não, na verdade um chocolate quente e um bule de chá verde com leite de soja à parte.

— Não temos leite de soja, madame.

— Ah, bosta, leite normal, então. O chocolate vem com chantilly?

— Sim, madame.

— Beleza!

Gus pediu uma dose de grappa. Embora ainda estivesse alegrinha do vinho, anunciei corajosamente que queria uma também. Gus sorriu para mim, me encorajando.

As doses vieram em pequenas taças prateadas e cheiravam a álcool etílico, queimando minha garganta e fazendo meu estômago arder.

Então, atrás de mim ouvi o som de um carrinho se aproximando. Quando me virei, Laura exclamou, esquecendo-se do sotaque britânico:

— É isso aí!

Geoff e eu caímos na risada.

Os garçons trouxeram tigelas prateadas com bolas de sorvete de gengibre, chocolate e pera; fatias de torta, brownies, bolo de chocolate, mousses e uma torre de três andares de *petit fours* com raspas de laranja e kiwi carameladas. Cada vez que eles traziam um prato, Laura comemorava:

— É isso aí, isso que é vida, JT. Pode continuar escrevendo!

Eu gargalhei sem querer.

Gus, segurando delicadamente a haste da taça de grappa, nos observava devorar as sobremesas com nossas colheres de prata.

Pensei comigo mesma, enquanto raspava os últimos pedaços do bolo de chocolate, que gostaria de ter alguma lembrança desse jantar, uma colherinha, talvez, algo pequeno. Ergui os olhos e, do outro lado da mesa, Mike encontrou meu olhar. Como se lesse meus pensamentos, pegou um bocadinho de sorvete com a própria colher e disse:

— Que delícia.

Com a outra mão, empurrou uma pequena pinha decorativa prateada para o colo e piscou para mim.

A mesa era um campo de batalha, as sobremesas dizimadas, os únicos sobreviventes eram alguns *petit fours* solitários. Todos nos recostamos nas cadeiras, tentando respirar com a barriga cheia. Gus pediu a conta, e um silêncio desconfortável caiu sobre a mesa. Encarei os mosaicos espelhados que decoravam os candelabros, me perguntando se deveria me oferecer para pagar parte da gorjeta — embora mesmo isso fosse extrapolar o meu orçamento.

Da sua bolsa preta velha, Laura tirou uma luva roxa de couro, que estendeu languidamente nos dedos longos. Ela abriu e fechou a mão algumas vezes, agarrando o vazio. O gesto pareceu simbolizar tantas coisas dela — seu desejo, sua força, sua luta para ser a pessoa que era por dentro e que ninguém mais conseguia ver. Ela ergueu a mão como um condutor e anunciou:

— Vamos tentar adivinhar o total.

Gus estava recostado, longe da mesa. Me perguntei se ele ficaria ofendido com isso, mas não pareceu — só cruzou as pernas e pousou as mãos no colo. Eu sabia que Laura não estava tentando ofendê-lo; ela simplesmente não conseguia se controlar. Gus inclinou a cabeça e um sorrisinho começou a brotar na sua boca.

— Fiquem à vontade.

Laura apertou os olhos.

— A gente bebeu vinho. O problema é que não entendo nada de vinho.

— Foram duas garrafas de um vinho dos bons — apontou Gus.

— Beleza. Isso a gente sabe o que significa — disse Mike.

— Nada além do melhor para você, JT — brincou Laura.

— Seiscentos e cinquenta e dois dólares e alguns centavos — chutou Mike.

— Acho pouco — argumentou Laura.

— Oitocentos e trinta e três dólares — apostou Geoff.

— Eu não vou dar mais dicas — avisou Gus, baixinho. — Vou deixar vocês chutarem até ficarem satisfeitos, aí olhamos. Isso sem contar a gorjeta, claro.

Laura e eu nos entreolhamos.

— Seiscentos e dezenove dólares — falei, tímida.

— *Seiscentos e dezenove* — Laura me imitou perfeitamente. — Sabe, o JT sabe o preço das coisas. Vou chutar seiscentos e cinquenta.

Dava para perceber que todo mundo no restaurante tinha parado para prestar atenção na gente. As portas da cozinha tinham parado de guinchar.

— Acho que foi mil e setecentos — apostou Gus.

— Dava para comprar uma caixa de papelão das boas com isso — murmurei.

Gus empurrou o porta-conta de couro preto para o centro da mesa, depois o entreabriu como se demônios fossem sair voando. Ele estreitou os olhos dramaticamente e anunciou:

— Seiscentos e... vamos arredondar para cima, devo dizer quem chegou mais perto? Ficou em seiscentos e quarenta. Acho que você ganhou, Speedie.

Ela se encheu de orgulho e exclamou:

— Mamãe ficaria orgulhosa. É isso aí!

Gus colocou um cartão de crédito dourado no porta-conta, e o garçom se aproximou para pegá-lo, dizendo:

— Obrigado, Monsieur Van Sant.

Todos o imitamos:

— Obrigado, Gus.

Ele me olhou, radiante.

— Estou feliz por ter vindo conhecer você.

Copacabana

DEPOIS DE UMA PRIMAVERA CHEIA DE EVENTOS do JT, eu sentia que tudo aquilo estava consumindo minha vida. Eu tinha faltado a tantos compromissos pessoais que já nem conseguia pensar em novas desculpas para dar. Fiz noites de autógrafos, dei entrevistas e participei de duas sessões de fotos importantes, uma com Mary Ellen Mark para a *Vanity Fair* e outra com Steven Klein para a edição "Ícone" da *Pop Magazine*. Querendo ter alguma experiência verdadeiramente minha, decidi ir ao Rio de Janeiro, para participar do Festival Internacional Abadá Capoeira e oficinas diversas. A ideia de que se eu gostasse do Brasil nunca voltaria para casa passou pela minha cabeça, Laura teria que descobrir como fazer a história do JT funcionar sozinha. E eu teria minha vida de volta.

Mais ou menos enquanto sobrevoava o Caribe, me dei conta de que tinha esquecido minha agenda, na qual anotara todos os meus contatos da capoeira. Meu português, que se resumia a pouco mais que "olá" e "onde fica a praia?", não ajudaria muito na tarefa de encontrar Marcia, minha professora, em uma cidade com milhões de habitantes. De repente entrei em pânico. O que havia de errado comigo? Um crescendo de vozes, as vozes de todos que eu tinha decepcionado. Comecei a listar as coisas que mudaria em mim mesma: pararia de comer, faria meditação, tomaria o controle da porra da minha vida. Seria boa em alguma coisa, e isso não teria nada a ver com JT LeRoy.

Todos esses pensamentos, porém, não mudavam o fato de que em breve eu chegaria em uma cidade estranha, sem saber para onde ir. Quando os procedimentos de pouso tiveram início, analisei meu guia turístico e escolhi o hotel mais barato em Copacabana. Pratiquei as palavras que diria ao taxista em português: "*Copacabana Fazendina, por favor.*" E de repente, acordes de bossa nova e garotas usando biquínis dos anos 1960 e saltos altos começaram a dançar na minha mente.

Fiz o check-in no hotel e dormi por um dia e meio. Quando acordei, senti o peso inconcebível da solidão. Joguei longe o cobertor azul e rosa de poliéster e fui até a janela. Lá fora havia um monte gigantesco de terra remexida, uma construção aparentemente sem prazo para ficar pronta. Aquilo era um sinal de como andava a minha vida? O que eu faria se não conseguisse encontrar meu grupo de capoeira? Por que sempre era tão péssima em planejar as coisas?

Eu não tinha comido nada por quase dois dias inteiros, mas não gostava de ir a restaurantes sozinha. Decidi fazer hora indo à praia. Quando desci para a recepção, a mulher no balcão me informou que o hotel oferecia café da manhã aos hóspedes. No centro do salão de refeições uma mesa de bufê exibia travessas plásticas com fatias de frios e rolinhos de queijo branco presos com palitos de dente, pãezinhos brilhantes com gergelim, minicroissants, fatias de mamão, laranja, abacaxi e cachos de uvinhas roxas. Bebi três xícaras de café preto e enrolei um cigarro, deliciando-me com o ardor de quem nunca podia fumar em locais fechados. Pensei que se Laura estivesse ali eu não poderia fumar. Nós teríamos devorado o café da manhã vorazmente e, depois, estaríamos nos sentindo pesadas demais para ir à praia.

Sentindo ter atingido um nível adequado de cafeína, saí para a rua. O ar era quente e um pouco úmido. Dei uma olhada na longa avenida entre os arranha-céus e vi o horizonte azul do Atlântico. Se eu fosse à praia, era melhor me depilar, e à moda brasileira. Já tinha ouvido falar de como os brasileiros debochavam de gringos peludos. Descendo uma rua ladeada por baobás retorcidos, pensei em como Laura odiaria

estar ali. Era quente demais. Estava sempre de peruca e chapéu, meia-
-calça e blusa de manga comprida — morria de medo de desenvolver
câncer de pele, emplastrando o nariz e as bochechas com protetor solar
grosso e arenoso. Os ônibus guinchavam pelas ruas, fumaça densa e
escura saindo dos escapamentos. Quando passei por um pipoqueiro
em sua carrocinha pintada, meu estômago roncou violentamente com
o cheiro de açúcar caramelizado e margarina. As pessoas passavam
por mim a passos rápidos. Mulheres de todas as idades tinham o cabelo longo e usavam roupas justas de cores fortes: vermelho-sangue e
verde-limão. Eu já me vestira assim no passado. Minha adolescência
se resumia basicamente a tentativas de me encaixar nos moldes do que
esperavam de uma mulher. Pintava o cabelo de loiro. Usava sapatos
de salto plataforma, vestidos transpassados, jeans justos; só que nunca
me sentia confortável de verdade. Os poucos meninos com quem tinha
saído faziam com que eu me sentisse deslocada. E a experiência de
perder a virgindade com um tailandês chamado Beer me envergonha
até hoje. Durante o último ano na escola, minha melhor amiga cortou
meu cabelo e eu jurei que nunca mais teria cabelo comprido. Isso me
afastava de certo tipo de atenção, o que para mim era ótimo.

Conforme caminhava, me dei conta de que não tinha visto uma única
brasileira com cabelo curto. Fiquei me perguntando o que os brasileiros
pensariam de mim. Em casa, tinha a sensação de que algumas pessoas
(especialmente as mais velhas) me consideravam estranha. Algumas
semanas antes da viagem, estava esperando o elevador; um senhor,
aguardando ao meu lado, se virou e me perguntou: "Você usa o banheiro
das meninas ou dos meninos?" "Das meninas", respondi quando a porta
do elevador se abriu. Entrei e segurei a porta para ele, que ficou parado
me encarando. "Tudo bem," ele disse. "Eu pego o próximo."

Nem todo mundo ficava confuso com meu gênero. E nem todo
mundo era enganado pelo JT. Quando conheci Mary Ellen Mark, ela
percebeu imediatamente que eu era uma garota. O mais interessante
é que eu tinha me esforçado muito para esconder meu gênero na

presença dela. Para cada roupa que usei naquela sessão de fotos, Laura e eu enchemos minha meia-calça com meias enroladas. Em seu longo tutu volumoso, JT não só era afeminado como também bem-dotado.

Quando fizemos nossa última refeição juntas, Laura, Mary Ellen e eu nos sentamos bem próximas, dividindo entradas e bebendo vinho. De olhos entreabertos, Mary Ellen jogou a trança para as costas, dizendo:

— Sabe, eu conheci muitos transgêneros nesses anos todos. Mas você não me passa a *sensação* de ser um menino. E não me parece que tenha vindo das ruas.

Laura correu para dar uma resposta.

— Eu sei! Eu sei! Também acho. Isso é que é incrível no JT. Ele é realmente único. Seu espírito não é de garoto. Ele é um ser à parte.

Fiquei observando Laura brincar com a haste da taça. Mary Ellen lançou para ela um olhar questionador.

— Mas não percebo nem o resíduo masculino. JT, você simplesmente não tem aquele *quê* de menino.

O que eu poderia dizer depois isso? Mentir parecia não fazer nenhum sentido.

— Eu sou e não sou — comentei, hesitante.

— Logo logo ele vai entrar na porra do ciclo menstrual! — rugiu Laura.

Fui caminhando até um salão de beleza cheio de mulheres de pele cor de mel rindo e gesticulando enquanto conversavam; o lugar serviria ao meu propósito. Quando abri a porta, um sino soou.

— *De sculpe. Voce tem...?* — perguntei em um português hesitante, fazendo o gesto de arrancar uma tira no ar.

A mulher na recepção me encarou como se eu fosse uma idiota, então gritou:

— Mariela!

Mariela surgiu, os saltos cor-de-rosa com pedrarias estalando de leve no granito do chão. Novamente, tentei me comunicar com gestos.

Ela era muito bronzeada, com sardas no rosto e nos ombros. No início, só me observou, confusa. Mas depois exclamou em português:

— *Ah, depilação, minha filha!*

Ela me encaminhou para uma salinha com painéis falsos de madeira e luzes fluorescentes. Eu estava com azia por causa do café. Havia um lençol de papel cobrindo uma poltrona reclinável. Mantive os olhos no teto, que parecia respingado de queijo cottage, e lutamos para trocar amenidades — de onde eu vinha, meu nome, quanto tempo passaria no Brasil. Parecia estranho tentar me comunicar daquela forma, rindo meio alto demais. Mariela indicou discretamente que eu deveria tirar a minha calcinha folgada, e me livrei dela de forma meio resignada. Talvez, depois de me depilar, eu comprasse uma fio-dental. Todas as capoeiristas usavam. E dava para ver a marca da calcinha de Mariela pelo tecido da calça de nylon.

Sob as luzes fluorescentes, minha pele parecia pálida e amarelada. No antebraço, pelos escuros saíam de uma verruga e de uma cicatriz rosa-arroxeada. Mariela tirou uma colherada de cera de uma panelinha prateada com um palito achatado, cantarolando baixinho. Então espalhou a gosma estéril e lilás na minha virilha como se estivesse confeitando um bolo. Diferente das esteticistas de São Francisco, Mariela não usou tiras de tecido. Meu estômago roncou.

Uma das coisas mais difíceis de ser JT era abrir mão por completo da minha apresentação pessoal e permitir que Laura me recriasse. Minhas sobrancelhas platinadas finalmente tinham voltado ao castanho original, com algumas pontas ainda loiras. Ninguém nunca tinha nem visto as sobrancelhas loiras de JT, por eu sempre usar perucas com franja comprida e óculos de sol escuros que tomavam todo o meu rosto.

Recentemente eu tinha feito uma sessão de fotos com Steven Klein, que perguntou:

— E os óculos? Podemos tirar?

— De jeito nenhum — interrompeu Laura.

Balancei a cabeça de um lado para o outro às pressas.

— Antes de sairmos, JT me disse: "Speedie, me lembre uma coisa: não deixa eles tirarem meus óculos!" E eu disse que eu faria esse favorzinho, claro.

Mike Potter, o maquiador, reclamou entre dentes.

— Não me diga, Speedie.

Ele jogou o cabelo para longe dos olhos por um segundo, e permaneci atrás de Laura, passivamente, como uma criança se escondendo atrás das pernas dos pais. Quando indicou que eu sentasse na cadeira para que aplicasse os toques finais da base, Potter anunciou:

— Speedie, você é tão diva quanto a Madonna. Vou te chamar de... Matuna! JT, pode sentar. Você, Matuna, pode se acalmar. Vou fazer seus cílios depois.

Em meio a uma nuvem de pó compacto, consegui ver Steven bem bronzeado, o cabelo loiro natural preso atrás das orelhas. Ele observava com atenção enquanto Potter me maquiava como Jodie Foster em *Taxi Driver*. A estilista, Ariana Philips, tinha escolhido óculos de borboleta, meia-calça metálica e um short bem curto que me deixava preocupada com meu quadril. Era isso que me revelava, não era? Uma das mãos de Steven cobria parcialmente a boca, o outro braço apoiado no cotovelo. Ele perguntou, de novo:

— Mas por que os óculos, JT?

— Não fico à vontade sem eles. Tirar foto já é bem esquisito — gaguejei.

— E alguém pode capturar seus olhos — se intrometeu Laura. — Sem os óculos não tem proteção. Nada entre eles e o mundo, e parece que ele coloca tanta coisa nos livros que não pode se mostrar por inteiro. Além disso, ele quer ter a liberdade da fluidez do gênero. Às vezes sai como menino, às vezes, como menina. Ele precisa dessa liberdade. Não é brincadeira — completou. — Ele não vai tirar os óculos.

Eu entendia por que Steven queria que eu tirasse os óculos. Eu já ficava dura e sem expressão normalmente, e os óculos só pioravam a repetitividade das poses. No caminho do aeroporto até ali, Steven tinha comentado como foi difícil tirar qualquer emoção de um modelo de roupas íntimas. O cara tinha se recusado a olhá-lo nos olhos. Como comentou:

— É essencial saber se o modelo é tímido, confiante, gentil ou revoltado. O ideal é que a aparência externa reflita a emoção vinda dos olhos dele. Mas se o cara não me olha nos olhos, eu acabo com uma página em branco na foto.

Concordei.

Seguindo o pedido de Laura, Mike Potter e Holli Pops, a cabeleireira, criaram para JT uma peruca "sangue e lacerações". Era uma peruca de fios curtos, de um loiro-acinzentado, com um corte assimétrico de navalha. Gotinhas de sangue falso e suturas apareciam em falhas no couro cabeludo. Holli também era de São Francisco. Eu já tinha conhecido ela, rápido, mais ou menos um ano e meio antes, mas ela não parecia se lembrar de mim, o que era uma sorte, imagino. Eu com certeza me lembrava dela.

Holli preparou um bigode falso para JT.

— Vou colocar isso em você, tá?

— Não, não, por favor — sussurrei em protesto, corando.

— Então vou deixar isso aqui e você pode colocá-lo. — Ela pousou o bigode na mesa indulgentemente.

Dei umas olhadas rápidas para ela. Seus olhos eram azul-gelo, contrastando com o batom fúcsia que usava.

— Certo, JT — falou Potter quando entrou. — Vai colocar seus pelos faciais então.

— Tá bem — tentei dizer alegremente.

Fui para o banheiro e passei cola acima do lábio superior, o que me lembrou dos tempos em que clareava meu buço, quando era mais nova. A ideia de colocar isso com Holli Pops no cômodo comigo me deixava nervosa. JT precisava ser impossivelmente tímido, e eu sentia como se sua timidez estivesse me invadindo, dando-me permissão para sucumbir aos meus próprios medos. Ao surgir do banheiro, agarrei Laura pelo braço e sussurrei:

— Acho que eu gosto da Holli.

Laura deu uma risadinha conspiratória.

— É mesmo?

Eu não sabia o que ela ia fazer. Laura se aproximou furtivamente de Mike e falou, toda sorrisos:

— Adivinha de quem o JT tá a fim?

— De quem? — perguntou Mike, animado.

— Holli! — sussurrou ela como uma garotinha.

Potter olhou para mim, confuso.

— Sabe, Holli tem um irmão que é a cara dela.

— Eu não sabia disso — falei, mal conseguindo olhar para a cara deles, querendo arrancar aquele bigode irritante do rosto.

Olhei feio para Laura, sentindo-me impotente, engolindo meu ressentimento.

Depois de algumas horas, Steven interrompeu a sessão para a hora do almoço. Laura reclamou aos sussurros dos sanduíches do Subway que Gabriel tinha comprado para manter a sessão de fotos dentro do orçamento. Steven olhou para o pão enrolado em papel-manteiga, então nos levou disfarçadamente pela escada e pelo caminho de paralelepípedos até as mesas de jantar do lado de fora. Ele parou ao lado de uma jardineira com tulipas recém-plantadas e comentou:

— Vou mimar vocês com um bom almoço hoje.

— Ah, Steven, obrigada. É que o JT fica muito sem jeito, sabe? Eu tento evitar que ele coma comida de grandes corporações. Não precisa ser chique, basta não ser uma bosta, sabe?

A recepcionista nos acomodou no pátio, em um jardim de rosas amarelas, bem em frente à mesa onde estava Leonardo DiCaprio, que não tirou os olhos do jornal quando chegamos. O sol estava quente, e eu, morrendo de fome. Dei uma olhada no menu esparso.

— Quero o sanduíche de rosbife — falei, pronunciando cada sílaba.

— Você não come rosbife, JT! — exclamou Laura.

— Hoje vou comer — desafiei.

— Se o JT quer rosbife, então rosbife ele vai ter! — decidiu Steven, chamando o garçom.

Mariela tamborilou as unhas pintadas na cera e a assoprou com delicadeza. O lilás ficou opaco e se levantou nas bordas como uma casca de machucado antigo, então ela graciosamente arrancou a tira. O lado de baixo revelou pérolas brancas nas raízes dos pelos. Minha visão ficou borrada quando ela puxou a cera, e ouvi minha respiração ofegante ao longe, como se não fosse minha. Mariela trabalhava metodicamente. Deixou uma tira de pelos no meu púbis, baixa e aparada. Fiquei impressionada com a minha capacidade de abrir mão do controle completamente para uma estranha, embora ainda tivesse dificuldade em deixar Laura ditar como JT deveria se comportar e se vestir. Toda vez que eu reclamava, Laura tentava me mostrar o que eu estava ganhando ao ser JT (um pagamento equivalente aos meus turnos no restaurante tailandês, roupas incríveis das sessões de fotografia, jantares maravilhosos). Ela dizia: "Sempre olho para as coisas da seguinte forma: estou sendo paga por essa oportunidade? Se não estou sendo paga, estou aprendendo coisas novas ou me divertindo? Você tem as três coisas!" Eu revirava os olhos e fazia bico. Tudo tinha acontecido rápido demais. Eu não havia percebido, quando aceitei representar JT, que iria abrir mão da minha vida para ser ele. Agora, eu queria a minha vida de volta.

Mariela passou hidratante e talco na minha pele sensível, depois retornou com uma pinça, catando os pelos sobreviventes. Por fim, esfregou as mãos, bateu palmas e exclamou:

— *Muite bon*!

Eu abri os olhos.

— Acabou?

Quando saí do salão, minhas costas estavam eretas e minha cabeça, erguida. A sensação era a de que a gordura no meu púbis, a gordura que toda mulher tem, estava se dissolvendo. Meu estômago roncou de novo, mas resolvi que só comeria depois. Eu precisava de um biquíni brasileiro para combinar com a depilação.

Enquanto caminhava pelas longas avenidas sombreadas, percebi uma placa com uma calcinha de biquíni verde-néon. Dentro da loja fria, o ventilador de teto girava, oscilando em um ritmo bambo. A vendedora era da minha idade, morena com cachos castanhos na altura do pescoço. Ergueu os olhos das palavras cruzadas.

— Oi.

— *Oi* — respondi.

Os biquínis estavam esticados em cabides de metal como um couro sobre um tambor. Fui à primeira prateleira e dei uma olhada até encontrar um biquíni preto com estampa cinza. Tirei do cabide, de repente me sentindo tonta.

— *Mais grande?*

Ela olhou para mim e retrucou, em um inglês perfeito:

— Acho que esse é o último. Mas vai caber em você.

Fiquei aliviada por ela falar inglês, mas também desapontada. De repente me senti uma turista muito desajeitada, pálida e americana. Me apoiei no balcão.

— Por que você não experimenta?

— Acho que vai ficar pequeno.

— Você se depilou?

Eu assenti.

— Então não há nada a temer. Pode experimentar ali do lado.

Eu descalcei os chinelos brancos e tirei a roupa. Devagar, ergui os olhos para meu reflexo no espelho. A sensação era incômoda, como a gente se sente logo depois de uma gripe, como se meu corpo fosse se desfazer em pedaços. Flexionei os músculos recém-formados pela capoeira e vesti a parte de baixo do biquíni, que tinha uma alça dupla na lateral. Olhei para as costas, para o minúsculo V que surgia em meio à extensão pálida da minha bunda. O chão daquele lugar estava gelado.

Tentei puxar a calcinha mais para cima. Olhei para mim mesma de perfil e encolhi a barriga.

Eu me lembrava do primeiro dia em que pisei no Centro Cultural Brasileiro. Só queria ser como as mulheres fortes que pulavam e chutavam girando em torno de Marcia. A capoeira esculpe cada corpo de forma diferente, mas todo mundo acaba com ombros largos, bundas fortes e redondas, e coxas proeminentes. Capoeiristas usam calças de poliéster brancas, com pregas na virilha, o que dá um volume extra a todo mundo, homem ou mulher. O grupo que eu observava usava cordas de algodão coloridas como cinto, indicando o nível de habilidade de cada um. Na parte de cima, usavam camisetas de algodão com o logo do Abadá. Eu nunca tinha visto tantas mulheres fortes, confiantes e lindas no mesmo lugar. Tudo na capoeira me atraía e me intimidava. Jurei que aprenderia a me afirmar com chutes, me protegeria com esquivas e impressionaria com saltos. Mal conseguia acreditar que estava ali na minha peregrinação: era o início, talvez, da minha nova vida.

— E aí? — perguntou a vendedora.

— Vou levar.

Saí da loja e fui direto para a praia, me encaminhando para uma formação de pedras. Estava com o biquíni preto por baixo de uma canga vermelha e laranja que a vendedora explicara que podia ser usada em vez de uma toalha de praia. Escolhi um ponto elevado da praia para que eu pudesse observar as pessoas e evitar que elas me observassem. Esta foi uma coisa que ser JT me ensinou: a observar. A praia era como um mercado, os gritos dos diferentes vendedores se elevando e se misturando. Cada um tinha um estilo diferente, alguns musicais e envolventes, outros sorrateiros e quase sensuais. Eu peguei meu dicionário de expressões (escondendo-o atrás de outro livro para disfarçar minha ingenuidade) e descobri que estavam vendendo coco verde, empadas, camarão com alho na brasa, cerveja, refrigerante e caipirinha. Eles carregavam protetores solares pendurados em cabos de vassoura, balançando como frutas douradas, pilhas altas de cigarros e charutinhos escuros, puxavam isopores cheios de picolés e coquetéis de fruta com chantilly, e agitavam cangas com a bandeira brasileira. Contra o pano de fundo do oceano, a silhueta dos banhistas, de pele luxuriosamente bronzeada e brilhosa, tremeluzia sob o sol. Ao longe, uma plataforma de petróleo se erguia e baixava como um inseto preso em mel. Senti gotas de suor se formando no buço, nas axilas e nas dobras da minha virilha recém-depilada. Logo eu enterraria tudo aquilo na areia e mergulharia no mar.

O vendedor de camarão passou perto de mim, com uma camisa de futebol suja, piscou, a bandeja apoiada no topo da cabeça, fazendo sombra em seu rosto, e sussurrou algo em português. Eu gaguejei em resposta:

— *Nao, nao. Obrigada.*

Olhei para a direita para ver quem riria de mim se eu levantasse e fosse nadar. Um cara jovem fazia exercícios perto do calçadão, na sombra das palmeiras. Seus músculos eram pronunciados e marcados. Devia fazer aquela série todos os dias. Com um pouco de inveja, me perguntei quantas repetições seriam necessárias para conseguir um tanquinho como o dele. E o que ele pensaria de mim? Eu não faço o tipo dele — sou branca e masculina demais. Dei uma olhada para a esquerda, para uma mulher mais velha, enrugada de sol, de biquíni frente-única laranja. Um par de saltos combinando jazia ao seu lado na toalha em que ela estava sentada, lendo uma revista de fofocas. Tive a sensação de que sabia quem ela era só de ver seu cabelo arrumado. Era uma pessoa que tinha empregadas para fazer seu almoço e filhos já adultos. O que ela acharia de mim? Meus pensamentos começaram a surgir em espiral... O que Steven Klein tinha achado de mim na sessão de fotos, entupida de maquiagem e com a peruca "sangue e lacerações"? Pensou que JT não estava fazendo o look funcionar. Os modelos não tinham emoção por si só. Era o trabalho de quem os usava imbuí-los de sentimento. Eu não tinha feito isso para ele, nem para JT.

Quisera tanto agradá-lo durante aquela sessão, entregar o que ele desejava, mas não conseguira me soltar. Quando ele me mandara tirar cinco minutos de folga, fui para a cozinha, onde alguns assistentes de produção passavam o tempo fumando maconha e bebendo rum, e dei uns tapinhas no baseado, torcendo para que isso me ajudasse. Voltei para a sala iluminada demais onde estávamos fotografando e me apoiei na parede, me sentindo um rato encurralado, à vista de todos, paralisada e insegura, sem ter para onde correr. Segui a parede, arrastando os pés. Meu bigode tremeu. Tentei me encurvar em uma pose agressiva para Steven. Estava confusa. O que ele queria? Percebi que me afastava das luzes pé ante pé. Todos estavam olhando para mim, querendo que eu fizesse alguma coisa interessante. Eu estava cada vez mais zonza. Antes que pudesse me dar conta do que estava acontecendo, dei um passo para trás e vomitei meu sanduíche de rosbife em uma lata de lixo de vime. Então entreguei o bigode pingando vômito para Mike Potter, enquanto Steven tirava foto atrás de foto, finalmente tendo algo interessante para capturar.

Logo eu teria que entrar no mar, mas ainda estava tentando me acostumar com a ideia de andar pela praia com a bunda exposta daquele jeito. Enquanto considerava a possibilidade de comprar um short, uma mulher linda se aproximou e se sentou na minha frente com um séquito de cinco caras, que torci para que fossem seus irmãos. Ela era alta, tinha ombros largos e quadris estreitos, cabelo curto e bem encaracolado, pele cor de caramelo, olhos amendoados e pelos dourados nos braços e na lombar. Pelos escuros subiam do púbis até a barriga, que não era chapada. A mulher usava brincos de contas compridos e um biquíni de crochê lilás. A ideia de ir nadar desapareceu na brisa salgada. Eu nunca conseguiria passar na frente de uma mulher linda como aquela com a minha bunda naquele estado. Enrolei a canga vermelha e laranja com força na cintura e apoiei a cabeça no cotovelo, fingindo estar entretida no livro. Para minha surpresa, ela deu uma olhada para mim.

Os caras enrolaram um baseado. Estavam cobertos de bronzeador, correndo em torno da mulher nas suas sungas minúsculas. Talvez fossem artistas, e ela, a empresária? Um bartender itinerante passou com um isopor, gritando "Skol-a-skol-a-skol". O grupo comprou cervejas para todos. Um deles passou uma lata gelada no peito. Talvez aquele fosse namorado dela? A mulher abriu a própria latinha, então olhou para o lado, e para minha completa surpresa, ergueu a cerveja na minha direção. Como eu deveria responder? Sentei-me, tentando parecer relaxada. A mulher olhou de novo para mim, sutilmente, mal virando a cabeça. Pensei: *É isso aí. Vim para o Rio, para cá, por este momento.* Decidi dar um mergulho. Eu me levantei, forçando-me a não tirar a calcinha da bunda. Alongando os braços, comecei a andar a passos largos e confiantes em direção ao mar. Eles assentiram de leve à minha passagem. Entrei no mar sem hesitação, firmando os pés na areia molhada, deixando a água gelada me circundar. Então mergulhei, sentindo as ondas me puxando em todas as direções. Emergi me sentindo limpa. Atravessei a arrebentação, deixando minha cabeça subir e descer com a água. Depois de um tempo, nadei de volta para a margem, tremendo de leve.

Meu corpo parecia dormente. Eu me sentia transformada. Passei pela mulher de novo, e ela sorriu.

De repente, alguém no calçadão assobiou às minhas costas. Outro babaca, pensei. A bela mulher deu uma olhada para trás. O cara assobiou de novo. Não consegui me segurar e me virei também. Era um cara negro, forte, com dreadlocks, usando uma bermuda jeans justa e uma pochete, as pernas grossas como troncos de árvore. Ele sorriu, os olhos brilhando com uma intensidade sexual. Olhei para o outro lado e fingi não ter visto.

— *Oi* — falou ele com uma voz arrastada, depois continuou em um inglês macarrônico: — *Little One*, notei você por causa da sua pele branca.

Me perguntei se ele não estava vendo que eu estava ocupada? Sai daqui.

Ele continuou:

— *Eu sou capoeirista.*

Reconheci aquela palavra. Ainda não estava acreditando, mas baixei a guarda um pouco.

— Também não sou daqui — continuou ele.

"Como se eu me importasse", pensei.

— Sou do sul, do Grupo Abadá.

Esse era o grupo que eu deveria encontrar! Olhei para o tecido branco que ele segurava. Era uma calça das nossas, com o logo do Abadá bordado. Incrível.

— Você conhece Marcia Cigarra?

— Marcia! The Cicada? Ela é uma das minhas irmãs!

— Sou aluna dela — comentei, sem acreditar que aquilo estava acontecendo.

— Não! Que coincidência! Você veio para os jogos? Veio de São Francisco?

Assenti.

— Meu nome é Gororoba. Vou dar uma aula como professor convidado hoje à noite. Todos os americanos que estão no Hostel Internationale vão participar. Me deixe apresentar um dos meus alunos, Batatina. — Se eu não tinha entendido errado, o nome do garoto era algo como "batata pequena".

Um adolescente de uns 17 anos veio arrastando os pés do calçadão, se ajoelhou e estendeu a mão para mim.

— Batatina, *plasir*.

A essa altura, a mulher bonita e seus irmãos tinham terminado os baseados e esmagado as latas de cerveja. Estavam se esticando e limpando a areia das bundas e pernas. Ela me deu uma conferida, assentindo para mim pela última vez; um dos irmãos fez um sinal de positivo. De repente, um dos caras jogou uma lata de cerveja nos pés dela, que abriu um sorriso largo e se atirou nas pernas dele, derrubando-o e fingindo que o chutava. Quando terminou, a mulher se ergueu e colocou as mãos na cintura, dando um sorriso brincalhão para mim e para Gororoba ao se virar. Eu achei incrível a confiança que brilhava em seus olhos.

Roma

NA FILA DA ALFÂNDEGA NO AEROPORTO de Roma, eu me abaixei para pegar as bagagens e arranquei as etiquetas.

— Será que a gente deveria colocar o nome de JT nas etiquetas? — perguntei baixinho, para que as pessoas esperando na nossa frente não ouvissem.

— Boa ideia. A gente faz isso na próxima — disse Laura, espalhando protetor solar no nariz e nas bochechas.

Depois de uma semana na turnê de lançamento do livro nos Estados Unidos e na Europa, Laura e eu tínhamos entrado nos papéis de irmã mais velha e irmã mais nova. Nossa agenda estava lotada de eventos: leituras, tardes e noites de autógrafos, sessões de fotos, jantares com pessoas com quem JT tinha feito amizade pelo telefone ou por e-mail. Já estávamos em Nova York havia alguns dias quando dei minha primeira entrevista ao vivo. Desviei das perguntas enquanto Laura, no papel de "empresária", se adiantava para responder, iniciando cada fala com "JT uma vez me contou..."

Depois de uma sessão de fotos com Mick Rock, voltamos para o quarto do hotel. Eu estava passando fio dental enquanto Laura raspava as pernas. Percebi que havíamos chegado a um novo nível de intimidade e compreensão uma da outra. Vesti uma camisola xadrez e me sentei no chão de azulejos. Laura estava com uma calça de pijama e uma camiseta com o logo de *Harold's End* da leitura em Los Angeles. Ela sempre usava camisetas com frases engraçadinhas como "Fama não é sexualmente transmissível". Ela se sentou nos azulejos ao meu lado e disse:

— Isso é tipo um casamento arranjado em que o casal se apaixona de verdade. Você é perfeita para isso. Está crescendo e se tornando cada vez mais autêntica. Já tem convicção de quem é. — Ela alisou o rejunte entre um azulejo e outro.

— Não tenho nada.

Fiquei pensando sobre aquele dia. Encontramos Mick Rock no Chelsea Hotel. Ele me fez sentar em uma mão dourada gigantesca em frente a uma tela pintalgada. A estilista amarrara meus olhos e minhas mãos com uma rede cor-de-rosa. Fiquei observando Mike através daquela teia rosa-choque, apertando os olhos por trás dos óculos escuros. Ele colocou dois tabletes de vitamina C na boca e despejou um pouco de água na língua, deixando-os borbulhar. Depois de jogar a jaqueta jeans em uma cadeira, ele se abaixou e girou algumas vezes, esticando as costas. Mike Potter veio para o meu lado e se ajoelhou, ajeitando uma fileira de garrafas e escovas. Ele escreveu as palavras "virtude" e "pecado" nas minhas mãos, depois passou blush cor-de-rosa no meu rosto, ajeitando a peruca loira para a lateral da minha cabeça.

Mick bateu uma foto com a Polaroid. Afastando a tira de tecido dos meus olhos, ele me mostrou as provas, dizendo com seu sotaque britânico:

— Temos uma contradição aqui, que imagem fantástica!

Olhei para baixo, me sentindo pouco à vontade porque minhas coxas pareciam gordas demais na calça cáqui.

— Liberte seu desconforto, JT — rugiu Mick. — Faça o que tiver que fazer! Grite! Liberte-se!

Colocamos a venda novamente. Eu abri a boca e, baixando o tom da voz, comecei a rosnar como se estivesse gargarejando com sal.

— É isso! Se solta, JT, solta tudo! Seja você mesmo!

Erguendo a voz, procurei um tom mais confortável, tentando prolongar o som. Minha voz oscilou e meu coração martelava nos ouvidos. Alcancei o ponto certo, até perceber que estava gritando incrivelmente alto. Pensei, devo estar estourando alguma coisa. Pelo menos algumas veias.

Parando e secando a testa com um lenço, Mike se ajoelhou perto da cadeira, me mostrando uma Polaroid desse momento. Ele tinha tirado a foto com a lente olho de peixe de cima para baixo. Minhas mãos estavam tensas.

— Acho que conseguimos algo aqui — disse ele.

— Quando eu era mais nova, não tinha ideia de quem eu era. — Laura ajeitou o chapéu de crochê e continuou. — Em alguns momentos fiquei tão sem direção que pensei em simplesmente me matar. Mas quando olho para trás, para tudo que aconteceu até este momento, vejo que sempre houve um pouco da minha verdade ali. E sempre houve algo que me trouxe até aqui. Era como um galho que eu seguia, e ao meu redor cresciam folhas e frutos. A vida parecia seca e difícil quando eu tomava o rumo errado, como se o galho fosse se quebrar sob os meus pés. E a saída que eu enxergava sempre era o suicídio. Agora sinto que estamos florescendo. Estamos no caminho certo. Você não acha?

Eu não sabia.

— Não acho que nada disso tenha a ver comigo — respondi simplesmente. E me perguntei por que então eu estava fazendo isso?

— Tem tudo a ver com você. As pessoas estão respondendo a você. Não poderia ser de outra forma. Isso é você. — Laura circundou um azulejo inteiro com a ponta do dedo. — Não importa qual a terra que você jogue por cima ou que roupa esteja usando, é você. Eles estão respondendo a você.

— Não é o que me parece — murmurei.

Nós nos refestelamos nas sobras da refeição anterior: polenta e frango grelhado. Deitamos no chão e cruzamos as pernas. Era como fazer um piquenique em nosso rio particular, ninguém além de nós por perto. Toda noite, Laura me contava histórias da sua infância, com detalhes, até o que era forçada a vestir quando criança. A cada história, partes da sua personalidade surgiam e se encaixavam. Naquela noite ela me contou sobre Sarah, cuja família tinha inventado a tampa de garrafa. Sarah foi a inspiração para a mãe de JT. Enquanto ela me contava sobre sua amiga de infância, parecia entrar em um transe. E, quando sentiu que eu estava prestes a cair no sono, ela começou a pintar meu rosto como fazia com Thor — minhas pálpebras, minhas bochechas — em pinceladas largas e circulares, dizendo as cores que estava usando a cada momento.

Quando parei para me desfazer das últimas etiquetas, senti o cheiro do protetor solar de chá verde misturado ao óleo de olíbano, que ela sempre aplicava atrás das orelhas, no decote e, se o lugar permitisse, por baixo da meia-calça, que usava o tempo todo, exceto para dormir. Eu estava com a minha peruca e óculos escuros. A gente resolveu sair da fila.

— Não estamos com pressa de passar pela alfândega. Essa fila ainda vai estar aí quando JT estiver pronto para passar por aquelas portas.

Laura não tinha problemas em se separar do rebanho.

Antes da viagem, ela dera entrada no hospital por baixo nível de cálcio, de modo que conseguira direito oficial de usar cadeira de rodas no aeroporto. Passamos pela imensa fila com as pessoas nos olhando de cara feia.

A gente sempre levava muita bagagem de mão — pelo menos duas malas pequenas cheias de roupas, uma mochila com vitaminas, maquiagem e itens de higiene dental de Laura (ela nunca ia a lugar algum sem sua escova de dentes elétrica), e uma sacola de papel grande, cheia de lanches e garrafas de água. Com seus privilégios de cadeirante, podíamos empilhar tudo no colo dela. Um homem nos levou pelo portão. Laura sempre dava gorjetas generosas para quem a empurrava um pouco mais.

Quando descemos do avião em Roma, ela não se deu ao trabalho de solicitar a cadeira de rodas. Ao sairmos, as portas bege se abriram para uma multidão de famílias e motoristas de limusines segurando placas com nomes. Percebi que havia quatro funcionários da nossa editora italiana, a Fazi, com uma folha rabiscada com marcador grosso: "JT!!!"

Simone, que tinha 1,65m, início de calvície e óculos que pareciam embaçar com seu sorriso, segurava o papel. Ele gritou o nome com sotaque pesado. Ao seu lado estava Loretta, uma mulher alta com um corte de cabelo elegante, e Valeria, mais nova, com cabelo cacheado, comprido e castanho, e jeans rasgados.*

Laura pediu para se sentar na frente do carro por causa das pernas longas. Simone tentou guardar nossas três malas imensas no porta-malas do carrinho minúsculo, mas teve que deixar a terceira no colo de Valeria. Ele entrou no banco do motorista e colocou Generation X para tocar, virando-se para mim e dizendo:

— JT! Eu sei que você gosta. É o disco de estreia do Billy Idol!

Percebi seu peito subindo e descendo enquanto falava. As duas mulheres olharam para mim. Levei um segundo para responder.

— É, adoro essa banda. Como você sabia?

Simone tirou uma das mãos do volante, como se estivesse para mostrar o horizonte, apontou para os conjuntos habitacionais e campos verdejantes e inclinou a cabeça.

— Eu simplesmente sei.

---

* É possível que eu não esteja me lembrando corretamente do nome dos meus editores italianos.

— É, a gente escuta isso em casa o tempo todo com o nosso garoto — comentou Laura. — Eu cresci ouvindo essa parada!

Simone a observou, os antebraços apoiados no volante, encarando-a diretamente.

— Ah, é? E onde você cresceu, Speedie?

Eu sabia que o jeito como ele dirigia a estava deixando irritada. Ela não aguentava quando as pessoas não olhavam para a rua. Dava para ver que estava tentando decidir se reclamava ou não.

— Ah, por aí. Olhos na estrada, por favor! Meu pai trabalhava no governo, mas eu fugi e fiquei morando em umas ocupações desde que era novinha. Esse disco estava em todas na época. JT descobriu essas músicas faz pouco tempo. Não é, JT? Você cresceu com algumas delas por causa da sua mãe. Olha para a frente, olha lá, hein?

Simone não pareceu ouvi-la. Eu assenti vigorosamente.

— JT quase não sai de casa. Vocês deviam se considerar muito sortudos!

— Ah, nós sabemos! — exclamou Simone. — É uma honra, JT. Uma honra mesmo. Nós adoramos o seu trabalho! Não sabíamos se você viria mesmo. Estamos muito animados. — Ele baixou o volume da música. — Então, agora vamos tomar um café e fazer um lanche. Depois você toma um banho e encontramos vocês na coletiva de imprensa. Asia vai vir pegar vocês no hotel de táxi com Loretta. — Eu olhei para ela, que sorriu. Ele prosseguiu: — Então um almoço com o Fazi em pessoa, e o filho dele. Ele vem só para te conhecer. Acho que vai gostar dele. E amanhã à noite você e Asia vão ler no Siepe para o festival de literatura.

Àquela altura eu já estava tendo um miniataque cardíaco. Uma conferência de imprensa? Uma leitura? Puta merda. Direto depois do voo? Eu precisava de tempo para me preparar. Simone deve ter percebido como fiquei tensa porque falou:

— Não se preocupe, JT. Vamos deixar uma agenda com você.

— É, a gente precisa mesmo — comentou Laura. — Se não nunca vamos lembrar disso tudo. Fazi sabe colocar o menino para ralar, hein?

— Bem, está cheio agora por causa do festival, mas depois vamos ter tempo para turistar.

— E vamos ao show do Garbage — completou Valeria. — Gostei da música que fizeram para você, JT. É muito boa!

Queria que eles calassem a boca por um segundo para que eu pudesse me concentrar no meu ataque de pânico.

Laura começou a cantar:

— "Go on boy, go." É, essa música decolou nas paradas. Estamos recebendo reações incríveis aos livros. Dizem que Bono falou que o livro deixou ele louco, e a Madonna acabou de ler...

Ela falou sem parar, e todos ouviram atentamente, arfando de alegria conforme Laura listava os elogios dos fãs mais famosos.

Laura tinha me dado várias entrevistas impressas com JT para ler durante o voo, mas só olhei algumas e peguei no sono. Também tinha me passado um artigo sobre Asia. Eu nunca ouvira falar dela até então. Estava em uma revista *I-D*, uma publicação grande, com design arejado, retratos em preto e branco granulados de Asia, grávida, fumando em uma banheira. Tive a sensação de que ela amava chocar as pessoas. JT e Asia trocavam e-mails havia alguns meses. Laura havia deixado implícito que suas conversas eram carregadas de flerte.

A gente tinha levado um frango para comer durante o voo. Apontando com a coxinha do frango, Laura comentou:

— Eu tenho um bom pressentimento sobre ela.

Eu já tinha tomado um calmante, depois de comer a minha parte do frango.

— Hum, adoro um franguinho!

Então Laura tomou um calmante também.

Enquanto nos ajeitávamos nos assentos, fizemos caretas uma para a outra e caímos na gargalhada.

As revistas para as quais Laura escrevia eram como um mapa da cultura pop — retratos brilhosos, ensaios de moda, textos assinados por pessoas em contato íntimo com tudo o que importava. Eu mergulhava naqueles ensaios. Eles já tinham feito aquilo?, eu me questionava, roendo as unhas. Eu pretendia fazer aquilo com silver tape! Minha paixão por moda só aumentava com o interesse dos estilistas por JT. Aos poucos, fui juntando um tesouro de roupas unissex. Calvin Klein havia oferecido a JT um terno sob medida e me dera várias calças de alfaiataria maravilhosas. Eu nunca tinha chegado perto de roupas como aquelas, e fiquei impressionada com o poder que sentia quando usava roupas feitas sob medida. Até então nunca pudera pagar por nada daquilo, mas essas coisas me inspiravam a ir além da silver tape.

— A gente vai tomar café da manhã, né? — perguntou Laura para Simon. — Porque JT não vai conseguir fazer mil entrevistas sem antes comer alguma coisa.

A última coisa de que eu precisava era comida. Olhei para ela de cara feia.

— Vamos fazer um lanche agora.

— Mas vai ter ovos e coisas assim?

— Ah, não sei, vamos ver. Vai ser bom. Não se preocupe, Speedie.

— Esse é o meu trabalho, Simone. Não me chamam de empresária do JT à toa.

Chegamos no que parecia uma padaria. O garçom nos levou a um salão de teto abobadado cercado por espelhos e começou a encher a mesa com bandejas de prata com doces e biscoitos coloridos. Todos pediram *espressos*, então também pedi, e Laura perguntou:

— Um mocaccino? Ou macchiato? Dá para eles colocarem chocolate?

Eu virei o *espresso* e já pedi outro. As pessoas da editora ofereceram biscoitos amanteigados, biscoitos com geleia e chocolate, mas recusei tudo. Já estava sentindo a cafeína fazer efeito. Estava preocupada com o peso, considerando o quanto Laura e eu vínhamos comendo, em especial à noite. Para balancear, resolvi fazer um regime diferenciado durante o dia. Café e ginseng vermelho até eu não conseguir mais falar: era assim que eu sabia que estava na hora de comer alguma coisa. A obsessão de Laura com comida me deixava ressentida, porque a sensação era que bem quando eu ia praticar meu autocontrole, ela me derrubava de novo no ciclo de disfunções alimentares.

Depois do café, me senti mais histérica e menos cansada. Enquanto ninguém estava olhando, tomei uma cápsula de ginseng por via das dúvidas. O plano era que Loretta nos esperaria no saguão do hotel enquanto Laura e eu trocávamos de roupa. Asia chegaria depois.

O saguão do nosso hotel era escuro e parecia a sala de uma tia--avó que ama gatos e nunca sai de casa. O *concierge* nos olhou com desdém enquanto arrastava nossas malas pela escada apertada até o quarto bolorento, no qual encontramos uma cama queen e uma penteadeira.

— Você quer tomar um banho? A gente ainda tem tempo — falou Laura com gentileza. Depois gaguejou: — Acho que a Fazi ainda não tirou a sorte grande. Ainda bem que estão publicando o JT.

Enquanto eu tirava a roupa, seu tom mudou.

— Eu sabia. Eu sabia que iam fazer isso. Preciso de ovos de manhã. Sabe como você precisa de café? Eu preciso de ovos. Nada desse café da manhã açucarado. Eu fico meio lerda.

Entrei no chuveiro, abrindo a torneira de água fria. Era úmido ali. Deixei a porta aberta. Era uma antiga banheira de pé com uma cortina de box opaca. As trepadeiras do lado de fora da janela eram de um verde desbotado. Ela estava me culpando pelo café da manhã de biscoitos?

— Preciso que você me defenda no futuro. As pessoas não ligam para o que eu preciso, então preciso que você fale por mim.

Isso era verdade. As pessoas não respondiam aos pedidos dela da mesma maneira que respondiam aos de JT. Na verdade, muitas vezes eram hostis. Não estou cuidando das necessidades de Laura, pensei, culpada. Mas também começava a me ressentir daquela dinâmica fodida. Por que ela sempre dependia dos outros para conseguir o que queria?

— Eu sei. — Revirei os olhos, deixando a água fria escorrer pela cabeça.

Não ia entrar na dela dessa vez. Nós tínhamos essa discussão o tempo inteiro, em muitas versões, quando o JT fazia viagens ou aparições púbicas.

— Por que tenho que pedir o que não quero comer? — eu geralmente gritava.

— Por que você só pensa em si mesma? Talvez outra pessoa queira comer. Seu irmão ou seu sobrinho, por exemplo. Você pode guardar pra depois. — Frustrada, muitas vezes ela completava: — Você é tão gói.

Ela dizia que meu povo não tinha sofrido, então nunca tivemos a necessidade de pegar coisas extras para o restante da família. Na verdade, minha criação era a oposta. Meus pais tinham horror a excessos. Nunca compravam papel-toalha. Meu pai deixava tudo sujo, e minha mãe lavava as coisas compulsivamente com trapos velhos tão gastos que se desfaziam, então lavava os trapos. Aos sábados, Hennessey e eu nos ajoelhávamos e limpávamos embaixo das camas e da banheira com esses panos. Minha mãe usava suas roupas até estarem cheias de furos, os cotovelos rasgados como mandíbulas abertas. Ela só fazia compras para o dia. Quando as pessoas jantavam na nossa casa, acabavam tendo que comer de novo depois de irem embora, porque as porções que servíamos eram mínimas.

Meu pai era comedido de formas diferentes. Ele nunca jogava nada fora. Recusava-se a pagar o preço cheio por verduras, então escolhia tomates e maçãs "ótimos" na cesta de produtos danificados do mercado mais barato, e comprava no atacado. Ele guardava todas as sacolas plásticas para embrulhar as frutas machucadas ou para usar como sacos de lixo. Em uma viagem de camping recente, quando cozinhamos uma refeição juntos, ele exclamou:

— Você esqueceu comida na panela!

Havia um único grão preso à borda da panela, que eu obedientemente raspei para o prato. Eu nunca tinha me dado conta da minha herança genética pão-dura até aquele momento.

Laura é asseada consigo mesma, bem mais que eu, mas assim que entra em um lugar, faz uma tremenda bagunça. Conseguia fazer isso em minutos, enchendo o espaço com artigos de jornal, papeizinhos soltos, sacos plásticos, embalagens de chocolate. Assim que entrava em um banheiro de hotel, jogava as toalhas brancas e macias no chão. Odiava a sensação do azulejo frio nos pés descalços. Esse hábito me incomodava. Eu odiava a sensação de tecido amarrotado sob meus pés.

Laura estava sempre à caça. Carregava sacos herméticos para levar a um bufê e guardar comida extra, além de sacolas de compras para "outras coisas". Você nunca sabia o que acabaria encontrando. Ela se achava muito esperta por conseguir o que quer que houvesse roubado, depois distribuía as coisas para os outros mesmo se eles não quisessem essas besteiras grátis. Às vezes alguém ficava feliz de verdade com aquele papel higiênico roubado ou com meio quilo de amendoim murcho. Mas para mim era excessivo. Aquilo me exauria, porque eu precisava encontrar algum lugar para colocar tudo. Eu entendia a utilidade, e não é que não gostasse de coisas grátis. É só que a quantidade me enlouquecia.

— E se eu não souber as respostas? — reclamei.

Eu só tinha feito uma entrevista em Nova York e não tinha me saído nada bem. Laura não estaria por perto para me ajudar. Meu estômago estava revirado de ansiedade pelas entrevistas com a empresa, e ao mesmo tempo distendido e pesado da viagem.

Saí do chuveiro e me sequei rapidamente, enrolando-me na toalha. Peguei as antigas entrevistas de Laura. Havia tantas perguntas sobre a vida de JT. Por que ninguém perguntava sobre os livros? Os jornalistas raramente queriam saber mais sobre o trabalho dele, hipnotizados pela história de sobrevivência. Enquanto as pessoas se concentrassem em perguntas sobre o dia a dia de JT, eu ficava bem. Qual era a cor favorita de JT? Amarelo. Autores preferidos? Nabokov, Flannery O'Connor, Breece D'J Pancake. Ele gostava de jogar *wiffle ball* e de comer chocolate amargo. Nosso gosto musical era bem diferente — ele tinha o de Laura. Isso não deveria importar para mim, mas sou uma esnobe musical, e me doía dizer que gostava de Pearl Jam e Silverchair. Parecia uma dica de que JT não era quem dizia ser. Nenhum dos meus amigos ou colegas — teoricamente JT e eu tínhamos a mesma idade — gostava dessas músicas que Laura ouvia.

Nas leituras em Nova York e Los Angeles, conheci fãs sedentos pelo reconhecimento de JT. Eles contavam como os livros os afetaram e dividiam suas próprias histórias de vida. Eu ouvia em silêncio e apertava suas mãos. Dizia para mim mesma que JT era um condutor para muitas pessoas que sofreram e sobreviveram. JT existia como uma força ou energia flutuando sobre nossa cabeça, um símbolo de esperança para quem passara pelos mesmos traumas e vivera para contar a história. Laura, JT e eu éramos uma trindade. Eu não sabia ainda qual era nossa missão, mas tinha certeza de que era algo maior que nossos problemas e rivalidades triviais.

Loretta deu uma batida rápida na porta de madeira.

— Asia já chegou, está lá embaixo.

Eu larguei minha roupa de baixo suja no chão.

— Bosta, que rápido!

Laura foi até a porta.

— Tá bem, só um minuto! JT está se vestindo. Vamos descer em dois segundos! — Ela girou para dentro do quarto, inclinando a cabeça. — Se é que ele vai conseguir encontrar a cueca! — completou, enquanto eu revirava a pilha de roupas sujas que explodira da minha mala. Arrumei minha peruca na mão como tinha visto Mike Potter fazer.

Corri para vestir as mesmas roupas com uma camiseta limpa por baixo. A calça tinha sido um presente de um estilista chamado Gary Graham, que conhecemos por meio de Potter. Era feita de lona tingida à mão, de um marrom quase metálico, com linhas bordadas ao redor dos joelhos. Então vesti uma camisa de renda sintética branca dos anos 1960 que tinha roubado da sala de figurino no colégio interno, um suéter de velhinho com gola V e uma jaqueta bomber que ganhei de uma figurinista, com uma seta de couro branco rachado que subia pelo braço e circulava o ombro.

— Não se preocupe! Não leve isso tão a sério! Brincando nos campos do Senhor! — falou Laura.

Quando JT tinha brigado com a mãe? Como ele chegara a São Francisco? A imagem de um navio naufragado me veio à cabeça. Minha fachada aos poucos se desmancharia. Laura enfiou um osso de pênis na minha mão e explicou:

— Isso é para ela.

Dava para ver Asia do topo da escada, o corpo engolido pela poltrona de veludo. Fumaça se encapelava acima de sua cabeça. Ela balançava um joelho apoiado no outro. Sua bolsa peluda rosa-choque era como um poodle radioativo ao seu lado. A mão, apertando o braço da poltrona, era cheia de anéis. Ela usava um pentagrama de bruxa. Loretta estava sentada em uma chaise, as pernas cruzadas elegantemente. Ela nos viu de pronto e, batendo palmas, exclamou:

— Aqui está ele!

Eu mantive a cabeça bem baixa.

Asia se inclinou no braço da poltrona; os cílios sombreavam seus olhos, mas sua pose era de expectativa, como uma criança esperando um presente.

— JT!

Mal mexi a cabeça, mantendo os ombros bastante erguidos.

— Você é mesmo tão tímido? — Ela mudou de atitude. — É como uma noz: precisa ser aberta. O que é isso? Você age como se nem me conhecesse depois de todas as nossas conversas. — Ela nem sequer olhara para Laura, atrás de mim. Eu deveria responder mais, pensei. Ergui o punho e abri a mão como as mandíbulas de uma cobra. Ela pegou, os olhos ainda fixos em mim.

— Ele está muito animado para te conhecer — explicou Laura, e Asia olhou para ela sem sinal de reconhecer que ela era a amiga de JT.

— Essa é a melhor amiga de JT, Speedie — completou Loretta.

— Certo. — Ela me encarou com os braços esticados na poltrona. Mantive a cabeça baixa mas queria olhar para Asia. Sentia meu corpo tremendo como se eu fosse um cachorrinho. Seus braços eram fortes e magros.

— Vamos indo. Não podemos nos atrasar. Vou chamar um táxi — falou Loretta, saindo a passos rápidos, os saltos estalando pela escada.

— É bom finalmente encontrar você — arrisquei.

Asia continuou me encarando. Parecia que alguém estava enfiando o cotovelo nas minhas costelas. Seu olhar dizia: "Quem diabos é você?"

— Desculpa, eu tô muito nervoso. Estou esperando para te conhecer há meses e agora... — As palavras morreram.

De onde essas baboseiras vinham? Meu corpo estava horrivelmente tenso, como se estivesse contraindo os músculos havia minutos. Loretta nos chamou; o táxi estava esperando. Laura e eu nos arrastamos escada abaixo, carregando duas sacolas grandes, cheias de ossos de pênis e livros e trenzinhos de chocolate para distribuir de presente. Sentei no meio, entre Laura e Asia. Laura tirou os potes de geleia e os dois livros de JT em inglês.

— Ele disse que ia autografar esses para você depois...

Asia não virou a cabeça.

— Então, como foi trabalhar em *Triplo X*? — perguntou Laura.

Asia fez um bico.

— Foi... Bem, o que você acha?

— Sei lá. Quer dizer, era um filme com um orçamento tão grande, parece que poderia ser divertido, em certos aspectos. — Eu conseguia sentir Laura se esforçando para encontrar alguma coisa, qualquer coisa que pudesse dizer para impressionar Asia.

— Não, foi muito sem graça. Trabalhar no filme foi tão sem graça quanto o próprio filme. Era só para pagar as contas.

Fiquei observando a paisagem passar em um borrão, sem saber o que dizer para chamar a atenção de Asia, feliz em deixar Laura se virar para descobrir. Tinha certeza de que ela conseguiria.

— Você tem uma filha, não é? — Esse era um tópico campeão para a maior parte dos pais.

— Sim — rosnou Asia. — Ana Lou. Ela tem um ano e meio.

— Astor e eu temos um menino. Vai fazer cinco anos logo.

— É, o JT comentou.

— É estranho ter que ser tão responsável o tempo todo. Sabe, ter que acordar na hora certa, fazer comida na hora certa. A gente fazia o que queria por tanto tempo... Mas JT tomou jeito quando Thor nasceu. Até parou de falar tanto palavrão, o que geralmente é um problemão para mim. Ele tem uma boca suja pra valer.

Chegamos a um portão alto de metal enferrujado, que se abria para um corredor escuro.

— Você já veio aqui antes? — sussurrei para Asia.

— Nunca.

Percebi que Asia tinha um andar incrível, como se estivesse apagando guimbas de cigarro a cada passo. Era misteriosa e sensual. Loretta nos levou a um pátio cheio de cadeiras dobráveis de madeira. Sob as árvores ouvi o burburinho de conversas sofisticadas. O pátio era cercado por tijolos antigos cobertos de heras. Na frente, havia um pódio com um microfone. Era ali que eu me esconderia. Os repórteres imediatamente começaram a tirar fotos de nós.

Loretta me arrastou até o púlpito. Dava para ouvir todo mundo sentando em seus lugares. Havia pontos vermelhos queimando as minhas retinas. Mal conseguia ver Asia e Laura na primeira fila. Loretta tocou o microfone e começou a me apresentar em italiano. Eu estava tremendo e de vez em quando tinha um tique no pescoço, como se estivesse tentando alongar os músculos. Alguém pousou um copo de água com gás no púlpito. Eu o agarrei, tremendo, e bebi de uma vez só. Minha cabeça tremeu de novo. Fiquei ouvindo as vogais longas de Loretta reverberando no microfone. Dava para ouvir um barulho de cliques ao fundo.

Ela disse algo e todos riram. Dava para perceber que estava terminando.

— Aqui está JT.

Todos aplaudiram. Laura gesticulou para que eu falasse alguma coisa. Fiquei com inveja dela, sentada ali com Asia, enquanto eu estava de pé, esperando a morte. Consegui soltar um "oi" baixinho. Alguém tossiu. O que estavam esperando? Estavam me questionando? As pessoas começaram a erguer as mãos.

Loretta apontou para elas. Suas mãos pareciam pássaros. Ela aparentemente conhecia todas aquelas pessoas.

— Sim, Antonia.

Antonia fez uma pergunta rápida.

Loretta assentiu.

— Ah, ela quer saber para que a peruca e os óculos?

Fiquei aliviada por terem começado com uma pergunta fácil.

— Hum. — Minha respiração reverberou no microfone. — Eu coloco tanto de mim nos livros... Então uso a peruca para que as pessoas não me reconheçam, para manter alguma coisa minha que ainda seja pessoal. O mesmo vale para os óculos. — A última palavra também ressoou. As manchas na minha visão estavam desaparecendo.

Essa pergunta era feita em quase todas as entrevistas, de um jeito ou de outro. A mais direta tinha sido em outra cidade, quando o entrevistador perguntou:

— Você poderia ser qualquer um. Como vamos saber se você é quem afirma ser? Quer dizer, sua voz parece de mulher para mim.

Os outros jornalistas balançaram a cabeça e o julgaram, achando um absurdo que ele ousasse fazer uma pergunta como aquela. Consideravam ele um louco. Eu me salvava todas as vezes lembrando a regra de Laura: para sair, é preciso mergulhar ainda mais fundo.

— Hum, você não sabe. E não vai saber. E eu não quero que você saiba. JT poderia ser um cara negro de duzentos quilos que mora em Spokane, como o cara que faz a voz do Elmo, sabe? Algumas pessoas dizem que sou Dennis Cooper. Outras dizem que na verdade sou Gus Van Sant. Eu gosto disso. Quer dizer, você tem toda razão. Posso ser qualquer um mesmo. E sobre a voz de mulher, muito agradecido. — E fiz uma mesura.

— Essas histórias são tão pessoais, por que resolveu escrevê-las?

Eu expliquei que JT ligava muito para o Dr. Terrence Owens, diretor da ala infantil, e que ele havia encorajado JT a escrever.

— Essas histórias foram escritas como uma forma de terapia.

Isso resumia bem.

Na minha cabeça, pensei que aquilo era o que eu sempre quisera criar quando criança: um mundo imaginário interativo. Aquilo me lembrava de todas as minhas brincadeiras infantis, fingindo ser cega, pedindo dinheiro para usar o telefone público com sotaque francês, forjando brigas com meus amigos para fazer as pessoas nos carros reduzirem a velocidade.

— Já li entrevistas em que você defende sua mãe e diz que a ama. A maioria das pessoas lendo *Maldito coração* deve se perguntar: como ainda pode ter qualquer sentimento positivo em relação a ela?

No hotel, eu tinha acabado de ler uma entrevista do JT em que havia uma pergunta semelhante. Alguém tossiu.

— Eu acho que a Sarah tentou ser uma boa mãe. Ela só era jovem demais e, hum, fodida demais da cabeça, sobrecarregada. Ela só estava assustada. — Que resposta xoxa. Laura tinha dito a mesma coisa de modo tão melhor.

JT sempre era tão esperto, tão sagaz, mas hoje ele parecia um trapalhão.

— Você disse no seu site que escrever salvou sua vida. Isso ainda é verdade? É a sua *raison d'être*?

Minha *raison d'être*, pensei com amargura, é vestir uma peruca e falar com um sotaque sulista horrível.

— Hum, é. Acho que ainda é verdade... — Parecia que eles estavam esperando por mais alguma coisa. — Hum, mas a verdade é que eu odeio escrever. Quer dizer, eu levo o dia todo até conseguir me sentar e escrever. Fico procrastinando a todo custo. É um processo masoquista. — As pessoas riram com a palavra.

— No seu romance, Sarah diz: "Todos nós precisamos de alguém que saiba quem realmente somos." Hoje, você sabe quem é esse alguém?

— Hum, não. Não, acho que não.

Depois que a entrevista acabou, os repórteres tiraram centenas de fotos, e percebi que as manchas na minha visão na verdade eram dos flashes. Loretta me levou para longe do púlpito. Meus tênis se prenderam nos tijolos e eu tropecei. Laura e Asia começaram a gritar e aplaudir. Elas pareciam estar se dando bem. Os repórteres olharam para as duas, achando graça, Asia pulando e empurrando minhas costas, Laura beijando minha cabeça, cuspindo por sobre a peruca, gritando:

— Brilhante, brilhante pra caralho!

Simone se aproximou e disse:

— JT, você foi ótimo!

Ele me apresentou a Elidor Fazi, que me deu tapas nas costas como se eu tivesse engasgado com caroços de cereja. Era um homem imenso, de cabelo grisalho.

— Você foi ótimo. Achei que ia deixar o copo de água cair ou chorar, mas não.

Loretta me segurou pelos ombros por um segundo.

— Agora é a melhor hora na Itália: hora do almoço. Você deve estar com fome, JT. Ralou bastante.

Que menino de sorte, pensei. Todo mundo lhe dá tanta força. JT tinha merecido seu almoço. Bom garoto.

Ainda em turnê um mês depois, ouvi pela porta, como em um túnel, Laura falando ao telefone. Dava uma entrevista. Fiquei sentada na banheira, girando a torneira e deixando a água quente escorrer. Durante toda aquela turnê meu consolo tinha sido a banheira. Aquele seria meu último banho, porque estávamos prestes a voltar para casa. Tínhamos ficado três semanas na Itália. Asia nos levara a Milão para uma leitura e coletiva de imprensa. A livraria tinha sido arrumada de tal forma que todos estavam bem na cara de JT. Eu sussurrei:

— Estão perto demais.

Laura sugeriu fazer a leitura embaixo da mesa, e a ideia me atraiu, então foi o que fiz. Os jornalistas ficaram putos e fizeram perguntas péssimas depois. Asia e Laura ficaram nervosas, gritando com eles.

— Sabe de uma coisa? Vão se foder!

No dia seguinte, pegamos a filha de Asia, que estava com a família do ex. Ana Lou tinha grandes olhos azuis e cabelo cacheado, e mal falava poucas palavras. Asia decidiu que a gente tinha que fazer uma parada e passar a noite na casa dos seus avós na Toscana. Antes de subirmos, paramos em uma vila de pedra e compramos alguns mantimentos básicos para passar a noite com uma velhinha. Jantamos macarrão fresco, um queijo duro, patê, manjericão e tomates, com melão e cerejas de sobremesa. Também pegamos leite, ovos e pão fresco para o café da manhã.

Quando começamos a subir a colina, dava para ver o vale, metade ainda banhado pela luz do fim de tarde, metade já às escuras. As montanhas eram cobertas de grama dourada. O vale lá embaixo era um quadriculado de fazendas e vinhedos. Paramos o carro em uma estradinha de terra. A casa estava vazia. Era uma linda e antiga *villa* de madeira e terra batida, do tempo dos Médici, segundo Asia. Logo deixamos nossas coisas um pouco de lado para aproveitar o pôr do sol. Ana Lou ficou correndo por ali com seu vestidinho, feliz por brincar na grama alta. Pegamos um cobertor na casa e nos sentamos nele. Asia e eu fizemos tranças de flores, juntando as metades para fazer uma coroa para Ana Lou. Laura brincou com a garotinha, que tirou a coroa de si e a colocou na cabeça dela.

Apesar do calor do sol, a brisa que vinha das colinas sombreadas nos deixou com frio. Entramos. Explorando os armários, Asia encontrou e me deu uma calça de couro, um cinto de couro de cobra da Gucci e um chapéu de vaqueiro preto que se tornaria marca registrada de JT. Também me deu um biquíni psicodélico de borboletas que pertencia a sua avó, roupas de baixo modestas e um sutiã grosso, que, ao ser erguido, vazou areia como uma ampulheta.

Após esse tempo na Itália, Laura e eu fomos para a Suécia por três dias, depois ficamos dois dias em Amsterdã e finalmente fomos para a França, onde pegamos o Eurotúnel para a Inglaterra.

Meus membros flutuavam como fantasmas na banheira de porcelana. Senti a água quente se misturando à mais fria. Percebi pela transição na voz de Laura que chegara a certo ponto da entrevista. Durante a viagem, eu me dera conta de aspectos importantes das entrevistas: expressões, entonações.

Ouvi o jornalista perguntar algo pelo viva-voz. Laura hesitou, então começou a responder, pontuando suas palavras com muitos "hum". Ele havia perguntado a JT sobre sua obsessão com a mãe. Ouvi pela porta Laura dizer que todo escritor é como um chef, com um tempero que é sua marca registrada.

— Minha escrita se filtra pela minha mente, então minhas questões estão constantemente ali, como uma sombra minha.

Laura muitas vezes falava em metáforas. E, nessas metáforas, o que ela falava como JT também era verdade na sua vida. Às vezes eu sentia que ela se exaltava em público, como se estivesse se gabando, como se quisesse dizer: "*Eu* sou a escritora. *Eu* sou o gênio." Não conseguia evitar, mesmo quando estávamos em público e ela deveria agir como Speedie. Eu pensava: por que Laura está o tempo todo colocando nosso disfarce em perigo? A quem ela está tentando impressionar? Comecei a manter um diário para me sentir mais escritora.

Na Itália ficamos tão boas nisso que conseguíamos jogar em dupla com a imprensa. Eu ficava no andar de baixo, dando entrevistas ao vivo, e ela permanecia no andar de cima, dando entrevistas para veículos da Inglaterra, França e Suíça. Quando começava a falar com a voz de JT, meu nariz se enchia de catarro e minha mandíbula rangia. As respostas saíam confusas e entrecortadas, cheias de gaguejos, "só-só-só" e "é-é-é". Eu entrava em tamanho estado de ansiedade que às vezes vomitava, bem como JT deveria fazer, e, se tinha que aparecer na frente de pessoas, eu frequentemente começava a chorar. Quando entrava em um quarto em que Laura estava dando entrevista, a encontrava andando de um lado para o outro, o telefone preso entre o ouvido e o ombro, ou sentada na beira da cama, rolando chocolate na língua, uma chaleira de chá verde na cabeceira, leite de soja a postos.

A imprensa italiana tinha chamado JT de comilão pela forma obsessiva como ele falava sobre chocolate. O chocolate que Laura tinha ganhado dos fãs na Itália durou pelo menos até chegarmos à França.

Quando eu entrava no quarto, ela me chamava com seus dedos longos, às vezes dizendo ao repórter: "Espera, a Speedie entrou aqui. Oi, Speedie!" Depois de alguns instantes eu soltava um "ooooooooolá", agudo e sussurrante, como já ouvira Laura usar. Ou ela mesma falava, segurando o telefone longe do rosto.

Olhei para meus seios na banheira. Eu tinha começado a encará-los como se fossem uma extensão estranha e alheia a mim, como fungos presos a uma árvore. Já estava na banheira havia meia hora, decidida a ficar mais meia. Tínhamos brigado, então eu estava com zero vontade de abrir a porta.

Àquela altura da turnê eu me sentia um marinheiro em sua vigésima semana em alto-mar, sem nada para comer além de biscoitos e zero contato com o mundo exterior. Apertei os olhos no vapor do banho. Estava com uma ressaca horrível. Tínhamos saído com Juergen Teller, o fotógrafo, que conhecemos na Itália com Asia. Ele tinha tirado fotos dela inclinada no seu conversível preto com uma rosa nas mãos. Acho que eles estavam meio que apaixonados um pelo outro, mas não senti ciúmes. Acho que não me sentia ameaçada porque ele era mais velho. Era um homem, não um garotinho bobo. E embora tivesse uma beleza germânica clássica — maçãs do rosto altas, olhos azuis, cabelo loiro —, seu cabelo caía no rosto, e ele tinha uma barriguinha. Não estava buscando aquela aparência perfeita e elegante. Juergen parecia adorar interações sociais. Eu gostava de sentar ao seu lado em um bar ou jardim elevado, em geral fumando, e observar as pessoas interagindo. Era o que mais parecia interessá-lo. Ele era um voyeur, como Laura e eu.

Juergen veio fazer uma sessão de fotos minha com Asia, e a gente ficou adiando o trabalho. Por fim, ele decidiu que deveríamos tirar as fotos na praia, então seguimos em uma caravana de dois carros. Laura mandou que eu me divertisse e disse que não precisava ir com a gente. Acho que ela estava de saco cheio dos cigarros e das bebidas.

A praia tinha algumas construções enferrujadas pintadas de cores pastel apagadas. O estacionamento estava vazio. Primeiro comemos camarões e lulas com cerveja em um restaurante a céu aberto. Asia reclamou com o garçom que havia areia nos pratos. Fumamos e apoiamos os pés nas cadeiras bambas ao redor. Ela me emprestou um biquíni brasileiro vermelho com enchimento embutido que tinha ganhado no set de um filme. Me perguntei se perceberiam, ao verem meu corpo, que eu era uma menina. Não teria como esconder meus quadris.

Ela comemorou quando saí de biquíni. O que aquilo significava? Ela também vestia um biquíni vermelho. Deitamos nas cadeiras de praia. Ali estava eu, mais um do grupo, no meu biquíni vermelho. Uma mulher se aproximou com uma cesta, oferecendo massagens. Asia aceitou, fazendo caretas de dor quando a mulher acertava nós em seus ombros. Foi a primeira vez que percebi seus pés. Tinham arcos altos, e havia um olho tatuado em um dos tornozelos. Entramos todos no mar, e logo depois voltei a vestir minhas roupas.

Em Londres, fomos à casa de Juergen, onde conhecemos sua família e Alice Fisher, uma jornalista que já se correspondia com JT por e-mail havia anos. Não lembro aonde fomos ou o que comemos, ou seja, eu já estava bêbada. Saímos depois do jantar sem a esposa dele para um bar em um canto distante da cidade. Quando entramos, eu me dei conta de que éramos os únicos lá. O bar tinha sido o estúdio de gravação de Jimi Hendrix. Juergen anunciou que tinham absinto, que eu nunca havia bebido. Laura apoiou o braço no banco, entediada com a perspectiva de mais bebida. Ela e Alice ficaram conversando baixinho. Dava para ver que Laura não queria estar ali. O absinto veio em copinhos de shot, brilhando como kriptonita. A bartender os trouxe com cubos de açúcar molhados equilibrados em colheres de prata, riscou um fósforo e os acendeu. Os cubos brilhavam em tons pálidos de azul e amarelo que refletiam em nosso rosto. Depois ela os apagou com uma jarra de vidro com água e trouxe um Shirley

Temple para Laura. Eu me imaginei como Rose Sélavy, sentada com Man Ray. Fizemos um brinde e bebemos. O dono trouxe um vestido que alguém famoso tinha usado; ele queria nos impressionar. Era de tule cor-de-rosa, como um vestido de Cinderela. Dei um pulo.

— Quero experimentar!

Tinha perdido peso durante a viagem, e parecia que ele caberia em mim. O dono me levou até o porão. Havia pichações nas paredes, e ele apontou a caligrafia de Jimi.

— Vou esperar do lado de fora — falou ele.

Me senti tão especial. O zíper era minúsculo e frágil, e eu não consegui fechá-lo por completo. Empurrei a porta, sem me importar se ele via minhas bandagens; tinham a mesma cor do vestido. Subi correndo a escada e ele veio atrás de mim devagar. Estava tocando um reggae que eu gostava, então cantei junto. Todos exclamaram quando me viram. Comecei a dançar em círculos.

— Queria estar com a minha câmera aqui — falou Juergen.

— Vamos tomar mais uma rodada! — gritei.

Todos se entreolharam por um segundo.

— Certo — disse Juergen, hesitante, sem o fervor que eu esperava do meu parceiro de bebidas. Laura o encarou, abismada.

— Não — rebateu ela. — Vamos embora amanhã. Você já bebeu demais.

Eu a encarei.

— Você não manda em todo passo que dou, sua bruxa! Vamos tomar mais uma rodada! — Recomeçando a dançar, para dar ênfase, gritei: — Foda-se!

Eu era invencível. Ela não ia me dizer o que fazer.

Laura tinha fogo ardendo nos olhos.

— Acho que JT já é adulto. Vamos tomar mais uma rodada — disse Jeurgen.

Laura olhou para todos na mesa.

— Não é, não. Olhem pra ele!

Eu parei de dançar. Laura olhou para Alice, como se estivesse esperando que ela dissesse algo, mas Alice só ficou parada, me encarando. Eu os observei de volta; todos pareciam tão tensos e infelizes. Fui até o bar e Laura exigiu:

— Não sirva essa dose para ele!

O bartender preparou mais um shot para mim. Eu o virei rápido enquanto ela falava, na mesma hora percebendo que já não estava mais embriagada. Tinha virado uma questão de princípios.

Laura se levantou e saiu.

Todo mundo também se levantou timidamente. Imagino que fosse hora de ir. Eu tinha esquecido que não estava usando minhas próprias roupas.

Saí batendo o pé para o porão em que havia deixado a pilha de roupas, o segundo shot de absinto batendo com força. "Eu a odeio", pensei num estupor. Ela era uma tirana mandona e egocêntrica. Vesti a calça e fechei o blazer até o pescoço. Uma porra duma vaca escrota.

Mais cedo, naquele dia, Laura tinha ligado para Asia. Eu tinha tanta inveja da sua habilidade de pegar o telefone e falar com ela. Mas também sentia que eu não tinha nada a dizer além de "estou com saudades" e "mal posso esperar para te beijar de novo". A conversa era para ser cheia de planos e ideias sobre arte, fazê-la juntas. Só Laura conseguia falar dessas coisas. Elas iam fazer um filme juntas.

Laura e eu entramos em um táxi.

Ela finalmente interrompeu o silêncio dizendo:

— Temos mesmo muita coisa para guardar.

Eu olhei para ela de soslaio, pensando "não foi por isso que você não queria que eu bebesse mais". Fiquei olhando pela janela. Estava chuviscando, e a luz dos postes refletia nas calçadas molhadas. Saímos do carro e entramos no saguão bem iluminado do hotel, imediatamente recomeçando de onde paramos, mas com nossas vozes de verdade.

— Eu odeio quando você bebe, começa a falar um monte de merda. Começa a agir de forma estúpida. Fica brigona e má. Só faça o que eu digo. Essa parada é minha, sabe? Às vezes você esquece isso.

— Ah, vai se foder. Essa história subiu demais à sua cabeça.

— Não, só estou te dizendo como você fica, e você não quer me ouvir. — Ela apertou o botão do elevador duas vezes, depois apontou para mim. — Quando você desceu para o porão, eu falei: ele vai querer tomar mais uma rodada, porque eu estava vendo que você estava chegando lá. E o pior é que eu falei para eles, e todo mundo concordou que você já tinha bebido demais. Aí eles viraram e parecia que a gente nunca nem tinha falado nada daquilo. "JT é adulto." Faça-me o favor. Você estava ali, dançando que nem um bobo. Juergen tem duas vezes o seu tamanho e sabe beber. Então, quando você começa a beber com ele e tenta acompanhar, tipo, é como pular de um penhasco. E Alice, de todos eles, ficou sentada ali sem nem olhar na minha cara.

Entramos no quarto, que era decorado no estilo de uma pousada do interior, com paredes brancas e flores azuis pintadas nos cantos do teto.

Começamos a empurrar pilhas de roupas de um lado para o outro, joguei as roupas que Asia me deu uma sobre a outra, junto com uma saia de tênis de poliéster que foi uma das poucas coisas que eu tinha comprado durante a viagem, em um brechó na Suécia.

Eu tinha jogado as pessoas contra Laura.

Tranquei a porta do banheiro e abri a torneira da banheira. Estava me sentindo vitoriosa, mas também com um pouco de pena. Aquilo me fez lembrar de uma história que minha mãe contou da infância, sobre sua irmã e seu irmão e algumas crianças se encontrando num bosque para criar estratégias contra o valentão da vizinhança. Ela disse: temos que nos unir contra esse cara ou então ele nunca vai nos deixar em paz, e todos concordaram. Enquanto estavam ali, o garoto surgiu por trás dela e começou a enchê-la de porrada. A irmã e o irmão ficaram parados, de boca aberta, e acabaram fugindo. Ninguém tentou defendê-la.

Aquilo tudo tinha ficado confuso demais. No fim de toda noite, ou eu odiava Laura ou odiava a mim mesma. Não aguentava mais. Foi ali que jurei que nunca mais seria JT. Era uma complicação na minha vida de que eu não precisava. Entraria naquele avião, iria para casa, e ponto final.

Laura estava terminando a ligação. Quando desligou o telefone, veio comentar como tinha sido ótima. Então eu a ouvi se aproximar da porta.

— Sinto muito, Savanni. Acho que estamos brigando porque nossa viagem juntas acabou. — Verdade, era difícil pensar no fim da turnê. Mas eu não achava que era por isso que estávamos brigando. — Eu me lembro de quando era uma menininha, e minha melhor amiga e eu íamos nos separar por algum motivo, e era mais fácil fazer isso brigadas. Olha, me desculpa.

Fiquei ali, brincando com a água, tentando permanecer irritada. Não falei que também sentia muito, mas me levantei e destranquei a porta.

Tennessee

MASH, O ESTAGIÁRIO, ME GUIOU COM PASSOS impacientes pelo asfalto, apertando o walkie-talkie com a mão esquerda, diminuindo o volume. Circundamos a calçada em frente ao restaurante, iluminado como um aquário, e nos aproximamos do set. Dava para ver a névoa da nossa respiração nas luzes de néon. Ajustei meu fedora de feltro preto embaixo do capuz do casaco preto fino e puxei as mangas esfiapadas da jaqueta de seda que Asia me dera. Não combinava com aquele lugar. Eu estava com frio e chamava atenção naquelas peças brilhosas e finas enquanto penetrava na multidão. Todo mundo estava com jaquetas jeans, moletons empelotados e botas de trabalho. Mash deu um tapinha no meu ombro e tchau. Ele sumiu no espaço aberto antes que eu pudesse perguntar onde Geoff e Laura estavam. Ele era um candidato a ianque, não tinha sotaque nenhum. Na verdade, eu não havia ouvido ninguém falar com sotaque desde que chegara no Tennessee. Era a única.

Todos no set estavam em silêncio. Era a cena em que a mãe de Jeremiah sai para trabalhar como prostituta, e Kenny, seu namorado caminhoneiro, se prepara para visitar outras mulheres. A porta para uma cabine laranja fluorescente está aberta, e o câmera filma Kenny, com uma camisa de caubói estampada com botões de madrepérola de pressão na frente. Ele usava uma calça jeans tão apertada que os músculos das coxas pareciam brilhar e ondular quando ele oscilava para a frente e para trás, balançando as madeixas loiras e apontando para o próprio pau. Típico de Laura. Todos riram baixinho enquanto ele ajustava o espelho retrovisor, penteando o cabelo para trás, esticando o cotovelo dramaticamente e agitando o pente no ar.

Olhei em volta para ver se encontrava Laura e Geoff. Eles iam fazer aparições no filme naquele dia. Eu tinha chegado depois deles, com o restante da família. Era para eu fazer uma participação no dia seguinte, para a qual comi demais e depois fiz jejuns intermináveis, como não poderia deixar de ser. Meses antes, quando Asia estava na pré-produção da adaptação cinematográfica de *Maldito coração*, eu perguntei se poderia trabalhar no figurino. Deve ter parecido estranho para ela. Embora eu tivesse dado a ela muitas roupas que fiz por conta própria, não podia dizer a ela que queria ser estilista. É claro que tive que apresentar a ideia via Laura, e ela me retornou dizendo que eu só faria as roupas de Asia e não seria paga por isso. Senti um pouco de vergonha da coragem de JT, sua ideia de que poderia fazer qualquer coisa, mesmo sem nenhum conhecimento. Só que também fiquei frustrada por não ter a oportunidade completa. Eu só tinha recebido aquela chance como JT e que nem era tanta chance assim.

— Só guarde os recibos — disse Laura.

De repente as pessoas se afastaram e Asia veio caminhando vacilante usando peruca loira, batom vermelho incandescente, minissaia vermelha, camiseta e saltos finos. Algo estava diferente nela. Ao observá-la, percebi que eram seus olhos — cruéis e embaçados.

— Corta — gritou alguém.

Asia me viu, e algo nos seus olhos mudou. Ela pareceu diminuir um pouco nos saltos. Veio até mim e me segurou, apoiando todo o seu peso em meus ombros. Rosnou "JT" com uma voz ainda mais rouca do que a que eu lembrava. Ela parecia estar com frio e exausta, como se já estivesse muito cansada havia semanas. Como aquela mulher estava dirigindo um filme? Ela mal conseguia falar.

— O que está havendo com você? — perguntei, baixinho.

— É terrível. É uma guerra. Muito difícil. Ninguém fica do meu lado. Todos me perseguem e minam meus esforços por eu ser mulher e ter sotaque.

Percebi que ela tinha uma tatuagem nova no pulso que dizia Panos. Eu a examinei de perto, como se fosse um ferimento. Com uma voz monótona, ela explicou:

— Panos... Ele também é incrível com moda. Ele fez isso. Você vai conhecê-lo. — Ela apontou para um caroço de tecido pendurado no seu ombro como um rato de estimação. — Você vai conhecê-lo.

Prefiro não conhecer, pensei.

— Sua passagem... Podemos mudá-la. Vai ficar mais?

— Hum. Não sei — falei, sentindo-me lisonjeada. — Se eu puder. Cadê a Speedie?

— Este filme é seu — respondeu Asia de repente.

— Hum, é, é meu e seu e, hum, de várias pessoas — chutei.

Eu não tinha percebido, mas Brian, o agente de Asia e de JT, estava de pé do nosso lado, assentindo como se concordasse com alguma coisa. Sua insistência fez tudo parecer sem sentido.

— Speedie está no caminhão da Kraft com Thor — falou ele.

Asia o encarou por um segundo e explodiu:

— Brian! — De repente ela se endireitou, a cor retornando ao seu rosto por baixo das camadas grossas de pancake. — Eu vou para o meu trailer tirar essa merda de roupa. Me encontre lá em quinze minutos. Pensando melhor, não. Manda o Grant vir aqui agora, aquele merdinha.

Brian foi chamar Grant, que apareceu, tímido, por trás de uma prancheta. Ela começou a gritar com ele.

— Seu merdinha com merda na cabeça. Está tentando me derrubar? Se acha muito esperto? Seu merdinha arrogante! Quer que eu tire do seu salário o dinheiro que perdemos naquela cena?

Grant ficou parado de cabeça baixa. Obviamente aquela não era a primeira vez que ela pirava durante a produção.

Ela se virou e disse, com uma voz diferente:

— Sinto muito, JT. Te vejo depois.

Fiquei olhando enquanto ela bamboleava pelo asfalto. Asia olhou para mim e acenou, girando o cabelo armado. Como se estivesse esperando que ela saísse, Brian imediatamente pegou um cigarro de um maço no bolso da camisa.

Grant deu de ombros, revirando os olhos para Brian, que deu de ombros também.

— Você fez merda, e daí? Não se preocupe, cara. Vida que segue.

Brian me levou por entre dois trailers, um deles com luzes penduradas como uma varanda no Natal.

— Ela está tão diferente — falei para ele, pensando em como Asia parecia apagada, frenética, ausente.

— Total, não é?

Havia um zumbido grave de um gerador. Vi Geoff primeiro. Ela vestia jeans escuros, uma camisa de botão xadrez laranja e marrom e um boné. Estava parado, o peso apoiado em um dos pés, como nosso pai sempre ficava. Então vi Thor ao lado dele, segurando um copo de isopor com as duas mãos. Laura estava falando com alguém a alguns metros, a mão na cintura. Estava muito magra e gesticulava muito com a outra mão. Vestia luvas pretas com estampa de ossos e a palavra "Misfits" rabiscada várias vezes nos pulsos.

Brian apoiou as mãos nos ombros de Geoff.

— E aí, cara, está pronto? Você está ótimo!

— Ah, oi! Oi! JT! Valeu. Estou um pouco nervoso. Mas acho que pareço um caminhoneiro de verdade, né?

— Você está perfeito, cara.

Thor e sua mãe gritaram ao mesmo tempo:

— JT!

Thor abraçou minha cintura. Ele tinha acabado de completar 7 anos e parecia ter crescido mais de um palmo.

Laura e eu trocamos olhares e começamos a rir. Ela me abraçou, segurando meu pescoço por um segundo, e falou:

— Coisinha! Você precisava ter me visto. Eu era a garçonete e tinha que falar: "Mais café, querido?" e piscar. Consegui de primeira, mas depois tive que fazer mais vinte vezes. Foi ficando cada vez mais louco.

Ela deu um passo para trás, repetindo uma piscadela exagerada.

— Mais café, querido? — Ela piscou. — Mas a primeira vez foi tipo à la James Bond, elegante pra caralho.

— Mãe!

— Desculpa, querido. Te devo outro dólar.

— Você está perdendo bastante dinheiro hoje, mamãe — brincou Geoff.

— O Brian também falou vários palavrões.

— Eu tive que dar uma nota de vinte só para garantir! Potter também. Você vai ficar rico no fim dessa viagem.

— Bocas sujas, todos vocês — disse Geoff.

— Só fico animada para car... amba — comemorou Laura. — Dá pra acreditar? Dá pra acreditar que estamos aqui? Você já entrou no restaurante? É o Dove's Diner. Perfeito.

— Tenho que ver.

— Eu tive que dublar uma música de ópera italiana. Eu pude subir numa mesa! — contou Thor.

— Você foi muito bem, Coisinha — elogiou Laura.

— O que vai fazer? — perguntei para Geoff.

— Vou pegar uma mocinha especial — falou ele, sorrindo.

A ideia de Geoff pegando uma prostituta me deixou nervosa.

— JT — chamou Thor, me puxando para longe. — Você está usando calcinha ou cueca agora?

— Cueca.

A primeira vez que ele me perguntou isso estávamos no corredor de um hotel pegando gelo e chocolate quente nas máquinas.

— E se um fã quiser ficar com a sua roupa de baixo? E se você estiver usando calcinha?

— O JT tem sorte. Ele pode usar os dois.

Laura se virou para mim.

— Você quer chocolate quente? Eles têm mil lanchinhos. Quer uns doces? — Ela pegou um Twix e uma barrinha de cereal de manteiga de amendoim do bolso como se estivesse fazendo um striptease.

— Eu quero! — gritou Thor.

— Não, você já comeu demais hoje — retrucou ela com firmeza.

— Então vamos pegar chocolate quente para o JT.

— Quando você começa? — perguntei a Geoff.

— Logo. Temos que voltar para o hotel porque Thor vai pegar no sono já já.

Brian se juntou a nós e comentou:

— Eu arrumo um carro. Faço isso daqui a pouco. Depois que eu for falar com a Asia. Tudo bem contigo, JT?

Assenti. Eu também queria falar com a Asia.

Geoff levou Thor para brincar com outros dois meninos no set antes de filmar, e Laura me apresentou para todo mundo. Depois, comentou em voz baixa:

— Dá pra acreditar? A gente está aqui, no set da parada de caminhões. Eu nunca nem estive em uma parada de caminhões na vida! É engraçado, sabe, tive tipo um déjà-vu quando chegamos, como se já tivesse visto tudo isso, e meu passado e presente estivessem colidindo. Não sei se era JT falando comigo ou o quê. — Ela parou. Laura falava com fantasmas o tempo todo. Às vezes falava com Breece D'J Pancake para saber por que ele tinha se matado. Outras falava com o cantor de uma antiga banda punk que ela gostava na adolescência.

— Eu não tinha notado, mas Asia tem a mesma pinta na testa.

— A mesma pinta de quem?

Savannah brincando de se fantasiar, aos 4 anos.

Savannah e Hilo, 2000.

Laura, Geoff e Savannah em fotos de cabine, 2002.

Savannah, como JT LeRoy, posando como um garoto, 2001. CORTESIA DE MARY ELLEN MARK

Savannah e Asia Argento na praia, 2002. CORTESIA DE JUERGEN TELLER

JT "extravasando" no estúdio com Mick Rock, 2002.
© MICK ROCK 2008. WWW.MICKROCK.COM

Savannah e Asia, 2002.
© MICK ROCK 2008. WWW.MICKROCK.COM

Nos bastidores do Public Theater para um evento *da Index Magazine* com JT LeRoy e amigos, 2003. Incluindo Tatum O'Neil, Laura Albert, Rosario Dawson, Asia Argento, Winona Ryder, Debbie Harry e Shirley Manson. © MICK ROCK 2008. WWW.MICKROCK.COM

Laura, Geoff e Savannah vestidos respectivamente de Speedie, Astor e JT LeRoy, 2004.
CORTESIA DE SHARON HENNESSEY

Primeiro desfile de moda de Tinc, 2005. CORTESIA DE SHARON HENNESSEY

— De Sarah. Quer dizer, é uma parada meio assustadora. Umas paradas que eu não falei com a Asia, que ela captou. É como se ela estivesse canalizando *ela*.

— Quem?

— Sarah, a mãe do JT!

Brian voltou enquanto Laura estava comigo e disse:

— Asia quer que você mude sua passagem. Quer que você fique. Você faz ela se sentir tranquila.

— Ah, acho que não posso ficar a semana toda. — Eu tinha que trabalhar quatro turnos no restaurante tailandês só para compensar aquele fim de semana, sem contar um estágio em uma linha de roupas independente chamada Nisa que já tinha faltado uma vez para vir. Era impossível estudar com os compromissos de JT. Mas eu tinha que trabalhar. E estava determinada a trabalhar com moda.

— Ela está fazendo esse filme por você — disse Brian.

Eu não acreditei que Asia tinha falado isso de novo. Baixei os olhos.

— *Você* pode vir semana que vem? — perguntei para Laura, que balançou a cabeça.

— Não. Thor tem uma festa de aniversário e um jogo de futebol. Mas espera aí, Brian. Asia não está fazendo isso por JT. Isso não é verdade.

— O quê? Ela está fazendo isso por ele, *sim*! É a sua história, cara! Está fazendo a sua história.

— Brian, não me venha com essa merda. Todo mundo sabe por que ela está fazendo isso. JT já perdeu bastante tempo ajudando Asia, e sem ser pago, inclusive.

Laura passara dias com Asia no telefone, revisando o roteiro. Quando telefonara para dizer a Asia que algumas cenas estavam exageradas demais, Laura me disse que Asia respondeu: "Espera aí um minuto. Você está parecendo a Speedie agora. Eu não gosto de quando você fala assim comigo." Ser duro era uma característica de Speedie. Será que JT não tinha a capacidade de ser sério nem direto?

— Então o que eu falo para Asia? — perguntou Brian.

Eu estava me divertindo, e Asia precisava de mim. Eu a tranquilizava. Eu, não JT, pensei. Bem, era o que eu esperava. Mas havia o problema de perder o Dia dos Namorados com Jonathan. Já estávamos juntos havia quase um ano, e ele sabia tudo sobre JT, mas não sobre meus sentimentos por Asia. Nem sobre o que tinha acontecido entre nós. Não que a gente se importasse com o Dia dos Namorados, mas eu meio que me sentia como se estivesse escolhendo JT em detrimento dele e ficava mal por isso. E ainda havia a questão do trabalho. O gerente do restaurante tailandês recentemente me perguntara: "Você ainda quer trabalhar aqui? Porque não está parecendo." Será que eu devia arriscar ser demitida? Além disso, estava faltando ao meu estágio. Se deixasse para voltar na semana que vem, perderia a venda das amostras, uma feira de designers locais. Já estava tudo pago. Quarenta dólares — não era nada de mais, pensando bem; quarenta dólares não é nada quando se está trabalhando. Mas e se eu perdesse o emprego?

Senti aquela dúvida habitual: será que eu deveria cheirar aquela carreira, começar a beber enquanto estudava, largar tudo, comer coisas que tinha prometido a mim mesma que não comeria? Eu era uma abelha voando em torno do pote de mel.

— Será que posso voltar semana que vem? — perguntei para Laura.

— A família não pode vir semana que vem, mas não posso te dizer o que fazer. Você é quem decide.

— Hum, eu tenho que decidir agora?

— Em breve — disse Brian. — Preciso comprar a passagem.

— Hum... Hum. Certo. Certo, semana que vem. Posso ficar no fim de semana. — Presa no mel, eu tinha morrido de novo.

Na semana seguinte, durante o voo para o Tennessee, descobri que Mike Pitt estaria no set. Ele ia interpretar Buddy, um dos poucos personagens amigáveis a Jeremiah em *Maldito coração*. De todas as pessoas que eu tinha conhecido como JT, Mike era quem mais me deixava tranquila. Mas eu nunca tinha estado em lugar nenhum sem Laura como apoio. Eu me flagrei animada. Estaria com Asia, Pitt, Potter, que fazia a maquiagem, e Mel, que cuidava dos figurinos. A sensação era de como se JT tivesse amigos de verdade. E devia contar tudo que acontecesse para Laura.

Daquela vez Mash me levou para um bairro próximo de Knoxville. Estavam filmando a parte da história em que Jeremiah e a mãe se escondiam em um laboratório improvisado para produção de drogas com Chester, o novo namorado de Sarah. Tinham convertido em set uma casa caindo aos pedaços no final de uma rua sem saída. As crianças do bairro ficavam em volta dos trailers, apontando com curiosidade. Avistei Mike. Então vi uma das crianças, um garotinho negro com tranças no cabelo, se aproximar e indicar a casa com um gesto. Mike respondeu com o mesmo gesto. O menino saiu correndo. Quando me aproximei, Mike disse:

— Sei lá como, eles ficaram sabendo que a casa ia explodir.

Nós nos abraçamos, do jeito que já tinha percebido que homens fazem, com tapas leves no ombro um do outro. Pensei no quanto tinha aprendido sobre ser um menino desde a última vez que o vira. Tinha aprendido a falar "cara" e "maluco", comecei a fumar mais para deixar a voz mais grossa, e meus maneirismos — e meu saco — estavam mais frios. Eu sempre ia ao banheiro masculino, mesmo em boates cheias de caras. Quando entrei com Ben Foster, um amigo de JT, todos os homens disseram que eu estava no banheiro errado. Falei simplesmente: "Não liguem, eu tô acostumado." Ben me acompanhou até a cabine e disse: "Vou ficar aqui fora, cara." E eu dizia: "Valeu, mano." Cada vez mais descolado.

— Já faz um tempão — disse Pitt.

— É verdade, cara. Valeu por arrumar isso para mim.

— O prazer é meu.

Laura tinha trazido pelo menos metade dos atores e celebridades para o filme de Asia: Winona Ryder, Peter Fonda, Marilyn Manson,

Ben Foster. Era um trabalho sem fim. Ela ligava para agentes de Hollywood, pedindo permissão para um ou outro, fazendo reuniões por telefone com produtores do filme. JT não jogava pelas regras de Hollywood. Laura estava trabalhando em dobro, sem dormir, negociando com os atores e trabalhando com Asia para acertar o roteiro.

Asia se aproximou vestindo um macacão jeans branco. Seu cabelo tinha um tom falso de loiro, com raízes pretas, preso em um rabo de cavalo. Seus olhos brilhavam e se moviam muito rápido pelo entorno. Usava botas de caubói brancas sujas, uma bandana cor-de-rosa no tornozelo e nada de maquiagem. Ela me abraçou e pousou a cabeça no meu ombro.

— Muito obrigada por voltar.

Imaginei meus ombros como os de Paul Bunyan, imensos e imóveis. Ela se afastou e se concentrou em Pitt. Olhei para Mike, e de repente ele me pareceu tão infantil, como um bebezão, quando só minutos antes eu tinha apreciado seus maneirismos suaves e gestos frouxos. De repente ele me pareceu só mais um moleque mimado.

— Gostei da roupa — falei.

Asia ignorou meu comentário, indicando Mike com um olhar tímido. Quando uma nuvem tapou o sol, percebi a palidez de sua pele e as olheiras fundas.

Então ela voltou a si, registrando minhas palavras depois de um instante.

— Obrigada. Panos que encontrou e me vestiu. Ele foi embora hoje de manhã. — Acho que ela tentou não dar muita importância a ele, sabendo que eu estava com ciúmes.

— Onde está Potter? Tenho que encontrá-lo. — Eu precisava de uma desculpa para fugir dali.

— Naquele trailer. — Ela apontou. — JT, muito obrigada por voltar.

Dei de ombros.

Se estivesse ali, Laura talvez dissesse: "Eu só vim pelo chocolate. E pra passar um tempo com o gatinho do Mike Pitt." Mas eu não podia fazer isso. Era tímida demais, e não era verdade. Eu me sentia como uma boneca de papel com acessórios móveis, torcendo para as palavras surgirem em um balão acima da minha cabeça.

Fui me aproximando do trailer escondido nos fundos, encostado a uma cerca.

Ali estava Dylan, um dos gêmeos Sprouse. Os dois fariam o papel de Jeremiah no filme.

— Bem-vindo de volta, JT. Cole está lá dentro, Potter está arrumando o cabelo dele. O que você acha? Como é ver tudo isso acontecer?

Eu parei.

— É bem louco. É, tipo, eu tive uma sensação na parada de caminhões quando cheguei — puxei o sotaque ainda mais —, era tipo... — dei um pigarro — como se eu estivesse entrando no meu passado, mas estava no meu futuro, ou presente. Tipo um déjà-vu. — Mantive a voz grave.

— É, deve ser estranho.

Distraída por Asia e Mike conversando ali por perto, não respondi.

Ele me olhou com pena, como se dissesse: "Você passou por tanta coisa..."

— É o JT? Vem aqui, seu putinho! — Potter passou fixador no cabelo de Cole com um gesto profissional para proteger o rosto do menino, então se abaixou para perto dele e completou: — Essa palavra pode ser usada de forma carinhosa.

Cole ficou parado pacientemente, os braços esticados à frente.

— Já estou acostumado, Potter.

— Você está pronto. Cabeludo!

— Cabeludo! — Ele ergueu as mãos e saiu da cadeira.

— Ouvi Asia falando que queria que voltasse porque você a tranquiliza. Aquela lá precisa ficar calma mesmo. Ela foi um monstro comigo ontem. Nunca fui tratado assim na vida. — Ele tirou o cabelo da testa com um aceno. — Talvez estivesse se vingando de mim por ter fritado o cabelo dela. — Ele começou a ficar nervoso, fingindo um olhar de horror, agarrando as raízes do cabelo. — Eu mandei lavar, mas ela quis ficar com a química mais tempo. Usamos um produto bem forte porque não queríamos que avermelhasse. Eu imagino Sarah com um loiro platinado de farmácia perfeito.

— Hum.

— Mas aí ela não tirou o produto na hora certa, e o cabelo dela fritou. Graças a Deus já melhorou.

— É, eu gostei do look dela hoje.

— Eu sei, ela está com uma pegada meio Kurt Cobain, naquele macacão fofinho.

— É, ela disse que foi Panos quem o encontrou — retruquei, sem emoção.

Na minha última visita, Geoff, Laura e eu ficamos sentados nas mesas dobráveis vendo o pôr do sol na parada de caminhões com Asia e Panos. Ele era magrelo, com um cabelo preto navalhado, um rosto pálido e inexpressivo, e usava jeans sujos. Acho que o número de cigarros que ele fumou na vida ultrapassou a quantidade de palavras que já tinha pronunciado. Fiquei surpresa que Laura não tivesse falado nada sobre isso com ele. E o set inteiro jantou junto. Bem, Asia meio que jantou. Ficou empurrando a comida no prato, depois se jogou na sobremesa. Seu cabelo estava loiro e frisado, como o de um ursinho de pelúcia. Ela parecia pálida e tinha vários arranhões no pescoço, e usava mil tons diferentes de preto desbotado.

— É tipo uma guerra aqui. Todo mundo está contra mim — repetia, sem parar.

— Eu não sabia o que dizer.

— Qual o sentido de ficar pensando nisso como uma guerra? — perguntou Laura.

Fiquei feliz por ela estar ali porque eu simplesmente não sabia lidar com Asia quando ela entrava nessa maluquice apocalíptica.

— Não é a melhor estratégia, eu sei. Mas não dá para aguentar esses babacas me desafiando toda vez que tentamos fazer alguma coisa. É como se eles ficassem querendo me derrubar porque sou mulher. E italiana. Não esqueço esse tipo de merda.

Era como se ela estivesse brincando de batalha naval na própria mente, como se estivesse num mundo imaginário. Seu queixo se projetou por um segundo como se estivesse rangendo os dentes. Ela bateu o chantilly com a colherzinha de plástico, e engoliu pêssegos enlatados. Asia começou a repetir uma lista de todo mundo que estava contra ela, cada um ela chamava de "merdinha". Todos na lista conseguiam ouvir o que ela dizia. Percebi as costas deles se retesando.

— É, bem, acho que ela e Mel se resolveram — falou Potter, chateado. — Espero que eu não seja o próximo, porque não tenho paciência para essa porra. Vou embora. — Ele arregalou os olhos para mim como se eu fosse dizer a ele que não fizesse isso. — Sinto muito, JT. Vou embora.

Potter pegou o maço de cigarros e me chamou para sair do trailer com ele.

— Mas enfim... Marilyn Manson está vindo.

— Quando?

— Semana que vem.

Eu não o veria. Ele ia interpretar um dos pais dos filhos de Sarah, um maluco religioso que abusa de Jeremiah. Pobre JT. Acho que Marilyn tinha mandado uma de suas pinturas para Laura. No outro trailer, Mel estava pintando com tinta spray várias jaquetas de couro com estênceis da banda de Chester; pareciam asas de águia e esqueletos. Laura tinha combinado com Mel de irmos às compras. Também faríamos uma visita à fábrica de chocolates local no dia seguinte. Por sorte, eu estava começando a gostar de chocolate.

Eles filmaram o dia todo e a noite toda, fazendo mil takes. O cinegrafista era muito metódico. Dava para entender por que as pessoas que trabalham em filmes são ou fumantes inveterados ou gordas. Eu tinha que admitir, Pitt era um bom ator. Percebi com o passar do dia que ele tinha pegado vários maneirismos e entonações minhas, e me enlouquecia quando ele falava certas palavras do mesmo jeito que eu. Eu parecia autista. Ele nem estava me sacaneando, na verdade. Era sincero, o merdinha. Mike ficou por perto durante quase toda a noite.

Asia se aproximou de nós mais tarde.

— Então vocês dois vão ficar no meu apartamento. Eu tenho um sofá-cama.

Bem, quem ia dormir nele? No que ela estava pensando? Um ménage? Não, pensei, eu não quero que ele vá. Por que Mike não podia ficar em um hotel? Ele não vai tranquilizá-la. Só vai distraí-la. Eu sentia o sangue subindo para a cabeça. Será que estava na hora de um ataque de JT?

Quando voltamos para o apartamento de Asia ela vestiu um pijama azul-marinho com pequenas âncoras brancas bordadas e uma camiseta de gola V branca. Penteou o cabelo e limpou a maquiagem do rosto. Fiquei sentada no sofá, lendo o exemplar autografado de Laura de *Music of the Swamp* de Lewis Nordan. Não conseguia parar de ler, e isso me dava alguma coisa para fazer e falar.

— É tão bom, Asia. Posso te dar quando terminar.

Dar o livro autografado de Laura?

— Eu adoraria.

Fumando, Pitt se sentou no chão, recostando no sofá. Ele não precisava de nada para fazer. Dava para sentir nós dois largando o livro e os cigarros só para observá-la tirando a maquiagem. Quando Asia terminou, Mike pegou o violão, sem tirar os olhos dela. Que palhaço. Eu sabia que Asia tinha um fraco por músicos e queria impedi-lo antes que começasse.

Interrompa, rápido, pensei. Me concentrei no cordão de ouro dele.

— Onde você conseguiu isso?

— Hugo Boss — respondeu Mike, parando de tocar. — Eu fui modelo deles, me deram um monte de merda de graça.

142

— Ah. — Quando ele começou a dedilhar o violão de novo, continuei. — *I gave my love a chicken that had no bone.*

— O quê?

— Foi legal? — Que pergunta idiota; não ia funcionar como distração. — Então, quando você vai lançar um disco?

Ele me ignorou e começou a emendar várias baladas. Eu precisava de um boneco de vodu para fazê-lo parar. Para fazê-lo perceber que ele tinha que deixar a gente a sós. Era uma causa perdida.

Decidi tomar um banho. Sentei-me na banheira e olhei para baixo. Eu era uma porra dum monstro. Aposto que eles dois simplesmente não tinham excesso de pelos corporais naturalmente. Nada de celulite. Nada de cicatrizes.

Comecei a me raspar que nem uma louca. Os pelos ficaram presos na lâmina e eu tinha que ficar tirando para evitar que entupissem a gilete. Não adiantou. Estraguei a gilete de Asia. Já estava sentindo a ardência de pontinhos de sangue brilhando nas canelas.

Quando abri a porta, Asia e Mike estavam abraçados na cama dela. Eles se afastaram ligeiramente.

— Bem, boa noite — murmurei.

— Boa noite — disseram eles em uníssono, rápido demais.

Me enrolei no sofá e fiquei deitada, puta. Ele nem estaria aqui se não fosse por mim. Bem, por JT. Tentei ler mais um pouco, mas não conseguia me concentrar. Era horrível ouvir os dois, as cordas vocais arranhadas de Asia. Me perguntei se Pitt era passivo. Asia era meio ativa, meio passiva. Será que eles iam parar? Me encolhi em posição fetal. Que bosta para a saúde mental do pobre JT.

Na manhã seguinte, foi difícil manter os olhos fechados enquanto Asia escovava os dentes e ria no banheiro com Mike. Ela saiu batendo a porta atrás de si. Quando abri os olhos e depois os apertei de novo, a vi pendurando a bolsa no ombro como se estivesse descendo uma rua de Nova York, os sapatos pretos de bico fino deixando marcas no carpete.

Abri os olhos e fiquei deitada, ouvindo o zumbido do ar-condicionado. Ouvi Mike se levantar e fazer xixi, gargarejar e cuspir, depois sair, alongando os braços e dizendo:

— Asia falou para ligarmos quando quisermos que venham nos buscar. Tenho que estar no set às 10h30.

Fiquei deitada, os cobertores me prendendo como uma camisa de força. Que babaca.

— Que horas são agora?

— Quase oito — disse ele, soando como se estivesse com a boca cheia de pão. — Acho que a gente podia dormir um pouco mais.

— Tá bom.

— Te acordo de novo em quarenta minutos.

— Tá bom — respondi, sem emoção.

Quando chegamos ao set, Asia enfiou uma caixinha de madeira nas minhas mãos e falou:

— Pode entregar isso pro Mike?

— Claro.

Ótimo, então eu não estava ali para tranquilizá-la, mas para passar cartinhas de amor e drogas para o novo boy dela. Quando ela saiu, abri a caixa e vi um pedacinho de papel com uma marca de batom e o mesmo coração com uma flecha e chamas que uma vez Asia tinha desenhado em uma carta de amor para JT. Eu não precisava ler. Sabia o que estava escrito.

Depois do almoço, ela me pediu para ir ao trailer dela.

— JT, o que você acha dessa fala: "Alguém trepou com um preto e você tem como provar." Você acha que a gente devia trocar essa parte? O que funcionaria? Parece meio sem sentido, sabe? Será que a gente poderia usar "alguém trepou com um escravizado"? O que acha? Fica melhor assim?

— Hum, você pode só dizer que alguém trepou com o vizinho, ou pode também deixar pra lá. — Eu não sabia o que dizer. Estava obcecada pela noite anterior. Não dava a mínima para detalhes do roteiro.

Ela ficou no banheiro por um tempão. Quando saiu, sua testa reluzia de suor. Fiquei me perguntando de que drogas ela tinha se entupido.

— É, talvez seja melhor deixar para lá. Eu tento, JT. Eu tento me prender ao seu texto o máximo possível. Às vezes, pelo telefone, eu não te reconheço. Você parece outra pessoa. Mas ainda é uma pessoa cheia de conselhos maravilhosos.

Desesperada para mudar de assunto, sugeri:

— Você quer ler o livro do Lewis Nordan depois? Eu acabei.

— Claro, posso ler.

— Acho que você vai gostar muito. Tem várias coisas sobre o Sul.

— Certo... Tenho que voltar para o set, JT.

— Eu sei.

Depois que ela saiu, comecei a chorar. Me senti mal por mim mesma e, estranhamente, por JT também. E o pesadelo ainda não tinha acabado.

Tinc

O ÔNIBUS DO AEROPORTO ME DEIXOU alguns números antes do loft da Natoma Street. Quando levantei a bolsa para pendurá-la no ombro, ouvi o zíper rasgar. A bolsa se abriu e entortou. Dei um suspiro dramático. Tudo estava literalmente ruindo.

Lutei para encontrar minhas chaves no bolso lateral. Subindo a escada, larguei a mala no chão do quarto dos fundos em que Jonathan e eu dormíamos e fui direto para o banheiro, de onde ouvi ele se mexer.

— Voltou? — gritou ele da sala.

— Sim.

Esperei na porta para encontrá-lo. Quando ele se aproximou, eu já estava puta comigo mesma por ter corrido para o Tennessee para ficar com uma porra duma lunática.

— Que saudades! Como foi?

— Sei lá. Acho que meio escroto. A Asia está... tendo uns problemas, e não sei como ajudar.

— É difícil ver um amigo passar por algo assim.

— É... tipo, acho que não consigo mais fazer isso.

— Tentar ajudar Asia? Ou ser o JT?

— Ser o JT. Quer dizer, é esquisito e cansativo demais. Os limites não são claros. Não sei explicar. A sensação é que isso tudo está tomando conta da minha vida. Desculpa por ter perdido o Dia dos Namorados.

— Não se preocupe. Eu te levo para comer sushi hoje à noite. — Ele sorriu, apoiando-se no batente da porta e cruzando as pernas, com seus óculos novos e a boina de entregador de jornal.

— Não, deixa que eu pago.

— Então, está decidido? Você não vai mais continuar?

— Acabou.

O olhar dele se suavizou.

— Estou orgulhoso de você, cara. Eu não ia falar nada, mas fico feliz que tenha chegado a essa conclusão por conta própria.

— É. Acho que demorou.

— Verdade. E eu não podia te dizer o que fazer. Você sabe a minha opinião sobre isso. Mas a gente tem que tomar essas decisões sozinho.

Jonathan sempre foi contra minha vida como JT. Para a maior parte dos caras héteros, seria uma ameaça que sua namorada fingisse ser um menino, mas não era essa parte que o incomodava. Ele simplesmente não conseguia entender o motivo. Não estava sendo bem paga. Ele percebia como eu me sentia dividida. Toda vez que ele falava com Laura ao telefone, me dizia: "Ela está se aproveitando de você." Também não entendia por que eu pintava minhas sobrancelhas por ela e, mais importante, por que eu me entregava à ideia dela. Jonathan achava que toda essa história só alimentava minhas neuroses. Ou eu queria mesmo fazer aquilo e não conseguia admitir ou não queria fazer, mas não conseguia me impor. Fosse como fosse, aquilo o incomodava, e especialmente no início do relacionamento ele considerou terminar comigo por esse motivo.

No entanto, alguns meses depois, Jonathan veio a uma leitura comigo, Geoff e Laura em Nova York. Laura passara semanas organizando o evento, falando com todos os envolvidos pelo telefone de forma muito animada. A leitura era em uma boate com garotas vestidas de sereia nadando em um aquário gigantesco com tubos de oxigênio presos às costas. Laura sempre convidava pessoalmente artistas variados para ler para JT. Em momentos diferentes, tivemos Lou Reed, Tatum O'Neal,

Winona Ryder, Marianne Faithfull, Harper Simon, Rosario Dawson, Courtney Love, Sharon Olds e Mary Karr. Naquela época da carreira de JT, ele não lia nos seus próprios eventos nos Estados Unidos. Ele ficava no fundo da sala, tenso, enquanto outros liam seus trabalhos para ele.

Naquela noite, Jonathan pareceu meio nervoso com a mudança na minha identidade, com minha linguagem corporal estranha e agradecimentos roucos. Mas acho que ele ficou impressionado com as centenas de pessoas que vinham conhecer e se conectar com JT. Tive a sensação de que ele finalmente entendeu por que eu tinha tanta dificuldade em parar de ser o JT, mesmo perdendo o controle da situação. No corredor do hotel, fiquei observando Jonathan, sentado de pernas cruzadas com Courtney Love, que usava um vestido pastel transparente e solto de um ombro só. Como uma fada disfuncional, ela examinava a palma da mão dele, lhe dizendo todas as coisas boas que aconteceriam no seu futuro. Ele sorria de orelha a orelha. Quando voltamos ao quarto, ele olhou para mim e disse:

— É como entrar em Nárnia.

No dia seguinte liguei para cada pessoa da minha família e disse que estava tudo acabado. Todos tiveram a mesma reação: "Ótimo. Agora siga com a sua vida." Deixei para ligar para Laura por último. Falei sobre todas as pessoas que tinha conhecido no set de *Maldito coração*. Contei das perguntas de Asia sobre o roteiro. E depois contei sobre a noite no apartamento com Mike Pitt.

— Não é que eu me importe que eles estejam saindo — falei, embora eu me importasse. — Só foi muito babaca. Por que me fazer ficar com eles? Por que não me deixar hospedada em outro quarto do hotel se era isso que ela queria? Eu não precisava ter passado por aquilo. E se eu realmente fosse o JT? Que escrotidão! Ela é doente! — Parte de mim pensou, "olha quem está falando".

Laura me ouviu, fazendo barulhos de simpatia e exclamando:

— Sinto muito que isso tenha acontecido com você.

Conversamos mais um pouco e tentei encontrar maneiras de lhe dizer que queria parar. Mas não consegui. Desligamos, e fiquei olhando para o telefone por alguns segundos. Então liguei de volta.

— Acho que eu tenho que parar.

— Eu entendo — disse ela, como se soubesse que eu diria aquilo. Eu não tinha lhe falado sobre o livro de Lewis Nordan.

Eu tinha mil e setecentos dólares na minha poupança, das saídas de JT, e estava trabalhando quatro vezes por semana no restaurante.

Certa noite, no trabalho, eu estava com outros funcionários conversando e brincando com o chefe. Sem pensar, perguntei se ele não queria financiar meu projeto de moda.

— Me mostra o que você tiver — falou ele, pagando para ver.

No dia seguinte, entreguei um pacote de peças únicas em *voile* de algodão com estampa de onça em preto e branco, junto com alguns desenhos que tinha feito nas minhas aulas de desenho de moda na universidade. Ele repassou o pacote para a esposa, Pauline.

No dia seguinte, meu chefe me passou um envelope com um recado em uma folha de papel quadriculado, na caligrafia mais chique que já vira. "Querida Savannah..." Pauline escreveu que entendia o meu objetivo e que estava muito interessada em fazer uma sociedade comigo. Meu queixo caiu ao ler as palavras: "Por favor me ligue depois do trabalho."

Sempre gostei de Pauline, mas nunca a encontrara fora do restaurante. Ela era tailandesa, cerca de um palmo mais baixa que eu. No dia em que nos encontramos, usava uma calça masculina de cintura alta com sapatos plataforma e uma camiseta de seda larga azul-cobalto. Gostei da sombra prateada que usava ao redor dos olhos. Ela cheirava a lavanda.

Nos sentamos na mesa da minha cozinha e repassamos tudo do que precisaríamos para começar uma linha de moda. Eu estava tão animada com esse projeto — não tinha nada a ver com JT. Ao mesmo tempo, eu tinha consciência das minhas influências. Muito da minha paixão havia sido acesa pela oportunidade de usar roupas de alta-costura como JT. Uma grande inspiração era Gary Graham. Depois de elogiar repetidamente suas criações, Mike Potter me deu o telefone de Gary enquanto eu estava em Nova York. Liguei, usando meu sotaque de JT, uma raridade na época — em geral era Laura quem fazia todas as ligações. Gary me convidou para visitá-lo, Laura ficou no hotel. Fui até o estúdio de Gary em Tribeca, e o encontrei debruçado no balcão, sobrancelhas franzidas, examinando uma jaqueta de couro ao avesso. Os lábios estavam apertados. Ele usava uma camisa estampada com as mangas dobradas até os cotovelos, e o cabelo dele parecia ter sido puxado em mil direções.

— No que você está trabalhando? — perguntei.

— Esse casaco... acho que ficou mais complicado do que deveria — respondeu ele, chateado. — Já faz dias que estou trabalhando nele, e vamos mandá-lo para produção em breve.

— Essa é a amostra?

— É a quarta amostra.

— Parece trabalhoso.

— É mesmo, mas tem suas recompensas — respondeu ele em um tom sincero.

Ele se levantou do banco e dobrou a jaqueta. Sentindo-me muito confortável com Gary, parei de me preocupar com meu sotaque e meu comportamento. Ele me mostrou as araras.

— Julgando pelas suas roupas, imagino que você saiba do que gosta, então pode escolher algumas coisas. Mas eu também tenho um terno... Você usa anarruga?

— Eu adoro anarruga!

— É meio estranho, então não trouxe para cá, mas acho que ficaria ótimo em você — comentou ele, gesticulando ao passar por uma cortina de musseline branca. Ele saiu com um terno de anarruga tradicional azul e branca, mas nem um pouco convencional. O blazer era cinturado e a parte de trás era em camadas, e vinha com uma calça solta combinando. Soltei um gritinho.

— Ah, que bom que você gostou. Experimenta. Você escolheu mais alguma coisa?

— Não, ainda não. — As roupas dele eram caras, o que me deixava nervosa.

— Bem, você vai precisar de uma camisa para usar por baixo do terno... Algo assim? — Ele passou pelas araras e pegou praticamente uma peça de cada modelo.

Enquanto eu experimentava as roupas, Gary ficou do lado de fora da cabine explicando detalhes sobre tingimento e costura. Ele compartilhou comigo de que forma havia alterado cada peça. Era muito envolvido com o trabalho. Ele tinha um laboratório de tingimento no porão, fazia as próprias etiquetas e assinava cada peça.

Escolhi um terno, uma camisa, um casaco, uma calça e um colete curto acolchoado que parecia uma armadura feudal. Depois, Gary me acompanhou pelo estúdio, mostrando como as coisas eram feitas. Decidi naquele momento que ele era meu ídolo. Queria ser uma estilista como ele.

Tudo isso era parte da minha educação. O estágio com Nisa me trouxe um conhecimento prático do processo de criação de moda. Eu sabia que Pauline e eu precisávamos criar uma linha de amostras com tecidos que pudéssemos comprar na quantidade desejada. Precisávamos de um catálogo e de moldes. Mais tarde, precisaríamos fazer um desfile. Pauline e eu batizamos nosso negócio fictício de "Tinc", que em tailandês significa "jogar fora". Abrimos uma conta bancária, na qual Pauline depositou 2 mil dólares. O dinheiro seria usado para fazer a linha de outono e pagar os gastos gerais do escritório; qualquer outra coisa sairia do meu bolso.

Minha amiga Brenda havia alugado uma sala comercial no edifício Grant na esquina da Seventh com a Market, para trabalhar na sua linha própria. O aluguel era de 250 dólares por mês, e me ofereci para pagar metade. Dividíamos a primeira sala no mezanino acima da escada de ferro fundido. Uma clínica psiquiátrica ficava bem à nossa frente, e a Bike Coalition, mais adiante no mesmo corredor. Letras em estêncil preto adornavam as portas de vidro jateado de cada sala. O edifício parecia um set de *O falcão maltês*.

Contratamos um amigo para nos ajudar a construir uma mesa alta com uma prateleira de rolos de tecido para desenho e corte. Enquanto montávamos a mesa, as pessoas se aproximavam para ver o que estávamos fazendo. Um advogado entrou batendo os pés e perguntou:

— Quanto custa consertar a lona de cobertura do meu iate?

— A gente não faz esse tipo de coisa — retruquei, indignada. — Não somos costureiras.

Depois de terminada, a mesa ocupava metade da sala. Mal havia espaço para passar e fazer nosso trabalho em volta dela. Do lado de fora da janela tínhamos algo como uma varanda, que na verdade era o teto de uma loja de donuts. Usamos esse cenário para nossas fotografias e como laboratório de tingimento, que se resumia em uma mangueira, um balde de sal e algumas latas de tinta.

Depois de terminarmos de preparar o estúdio, fomos de carro até Los Angeles para encontrar tecidos em uma feira especializada. Logo descobrimos que a maioria dos tecidos na feira só era vendida a uma quantidade mínima de mil metros. Ouvimos falar que havia revendedores fazendo vendas menores por perto. Encontramos um deles, chamado "B and J" num depósito que ficava em um beco, lotado até o teto de rolos de tecido. Era empoeirado e de um calor opressivo. O homem na recepção tinha tanto pelo nos braços que daria para fazer penteados. Ele nos entregou tesouras para cortarmos amostras dos tecidos que queríamos.

— Não vendo por metro, só o rolo inteiro, mocinhas.

Fiquei observando o olhar do cara subindo pelas fendas do short de corrida laranja de Brenda enquanto ela desaparecia nas profundezas do armazém. Dei as costas para evitar ter que fazer contato visual com ele.

Nenhum daqueles tecidos parecia adequado. Relembrei a vez em que Laura e eu encontramos Ennio Capasa, da Costume National. Eu tinha ficado embasbacada com os tecidos. As peças ficavam à mostra em canos arredondados brilhantes, e eram feitas de algodão emborrachado, sedas desfiadas e véus de caxemira. Ennio pegou um casaco pesado de inverno e explicou que ele tinha contratado uma fábrica para criar uma mistura especial de lã e metal para bordar as costas daquele casaco com pavões em ouro e cobre. Ao contrário do trabalho de Gary Graham, as peças de Ennio não eram exemplos de artesanato manual; eram modernas e lisas. Tive a sensação de que eu demoraria muito para chegar àquele ponto, se é que chegaria um dia.

No final do corredor do B and J, encontrei dois rolos de lona cor de creme e preta, e um de tafetá azul-pavão. Teria que bastar. Mais adiante, encontrei alguns de algodão com elastano, um material de micromodal e um rolo de tactel nude.

Quando voltei, o cara estava bebendo chá de hortelã, as pernas apoiadas em um rolo de tecido. Manchas de suor se espalhavam pela camisa de gola rosa no peito e nas axilas. Ele pegou uma das amostras com um olhar de reprovação e apontou para um aviso que dizia: "Não pegar amostras de seda."

— Eu não sabia que era seda.

— O que está fazendo aqui, então?

— Estou aqui para comprar tecido.

— Rolo inteiro, não por metro. Isso aqui é para costureiros de verdade, não para quem faz roupinhas nas horas vagas.

Por que ninguém leva mulheres jovens a sério? JT não passava por essas palhaçadas. Ele não precisava nem abrir a boca. Mas eu tinha que repetir meus objetivos para cada pessoa que conhecia, provando que realmente estava dedicada àquilo, que não estava fazendo ninguém perder tempo.

— Você quer meu dinheiro ou não? — pressionei, passando a amostra de seda entre os dedos e rezando para que ele não dissesse não.

— Querida, eu só quero ter certeza de que você sabe o que está fazendo aqui. É só isso que você quer?

— Sim.

Com um grito, ele chamou:

— Mauricio! Mauricio!

O dono entregou as amostras ao rapaz, que mergulhou na floresta sem hesitação e logo depois voltou com os rolos. Cada um pesava pelo menos vinte quilos. O tal Mauricio estava lavado de suor quando terminou de pegar todos que escolhemos. Temi que os rolos se revelassem inconvenientes demais, ocupando espaço no estúdio, e pensei em quanto trabalho subvalorizado havia sido necessário para produzi-los e carregá-los. No que eu estava me metendo? Mauricio nos ajudou a colocar o tecido no porta-malas do carro alugado, os rolos caindo uns por cima dos outros, como palitos. Demos uma gorjeta a ele e fomos embora.

Roendo as unhas, assistimos ao pôr do sol. Senti que aquilo era o início. Cada música antiga no rádio tocava meu coração. Tudo era um sinal. No fundo, eu pensava: finalmente encontrei algo na minha vida além de ser JT.

Virei noites por semanas criando moldes para a temporada de outono. Contratei uma costureira para as amostras, uma mulher chamada Dianna, do Vietnã. Desmanchei minha camisa de marinheiro preferida e minha jaqueta italiana, fazendo em seguida duas camisas, uma calça de montaria de lona, e uma capa de chuva inspirada em algo que Asia me dera. Contratei uma pessoa para criar um macacão com a lona cor de creme.

Uma vez por semana saía para visitar uma butique em São Francisco que tinha adotado alguns estilistas da região. Torcia para que dessem uma chance à Tinc. Quando finalmente consegui uma reunião com o dono, falei que traria nosso catálogo — só que a gente não tinha um. Implorei à minha amiga Naomi para ser minha modelo e à minha mãe para tirar as fotos. Fizemos tudo em dois dias. Pauline veio comigo para a reunião usando um sobretudo preto estiloso. Fiquei muito orgulhosa de tê-la ali comigo, e foi lá que conseguimos nosso primeiro pedido.

Ir de porta em porta parecia a melhor maneira de conseguir os próximos. Brenda e eu planejamos uma viagem a Nova York para tentar vender nossas roupas para as lojas da cidade. Fizemos listas de compradores, esperando marcar reuniões com antecedência. Mas todas as ligações acabavam com as palavras "não estamos interessados", seguidas do sinal de ocupado do telefone.

Eu queria ser mais como JT, conquistando as pessoas, apesar da timidez. Se ao menos pudesse entrar em contato com as pessoas que JT tinha conhecido: Calvin Klein, Bianca Jagger, Juergen Teller, Courtney Love. Se ao menos eu pudesse pedir para Winona Ryder usar minhas roupas. Mas eu não podia. Não queria. Essa era a minha vida, e aquela era a dele.

Sem reuniões marcadas, fomos a Nova York, com o objetivo de tentar vender nossas criações ao vivo. Ficamos com Shane, meu antigo colega de quarto, em um pequeno apartamento no sexto andar de um prédio na Henry Street.

No vento brutal de fevereiro, caminhamos pelas ruas de Manhattan com nossos catálogos coloridos, as bolsas cheias de amostras caso algum revendedor nos desafiasse a exibir o que tínhamos. Era uma maneira totalmente diferente de viajar. Achei um tanto masoquista, mas muito empolgante, embora no fim a viagem não tivesse trazido os resultados que esperávamos. Minha poupança havia acabado. Só sobrava um terço do dinheiro de Pauline. Ainda nem tínhamos começado a produzir o único pedido que conseguíramos. Com um pedido de seiscentos dólares, seria impossível arcar com os custos. Coloquei algumas peças em lojas de consignação, mas elas demoravam demais para serem vendidas. Eu precisaria do dobro do dinheiro que Pauline tinha dado para a Tinc originalmente para montar um desfile. Precisaria de 4 mil dólares.

O telefone tocou duas vezes seguidas.

Saí da cama e corri para a cozinha.

— Alô?

— Ah, você está aí, que bom. — Era minha irmã, Hennessey. — Não sabia se deveria te ligar ou não. Por isso que liguei e desliguei.

Desculpa. Bem, Laura não para de me ligar. Os produtores de *Maldito coração* querem muito que JT vá à estreia em Cannes. Laura acha que tem dinheiro suficiente para te pagar bem por isso, mas também disse que não poderia te pedir diretamente.

— Quanto você acha que significa "pagar bem"?

— Sei lá. Quer dizer, é relativo. Provavelmente mais do que você já ganhou.

— Você acha que eu deveria aceitar?

— Bem, para ser sincera, eu nem queria te falar disso, mas senti que não seria a coisa certa. Você é que tem que tomar essa decisão.

— Talvez, se for o suficiente, eu faça só mais uma vez.

Só mais uma vez. Eu parecia uma alcóolatra pedindo só mais uma dose.

Hesitei por um momento, depois liguei para Laura.

— Eu sei que não deveria te pedir isso, mas você pode ganhar 4 mil dólares em quatro dias — explicou Laura, solene.

Meu estômago se revirou. Quatro mil dólares.

— Mas tem uma condição. Eu falei para as pessoas que o JT não pode ir às festas porque está com medo de sofrer uma recaída. Então nada de bebida para você. Isso só ia deixar os produtores nervosos, e são eles que estão pagando por tudo. E, cá entre nós, você não fica nada bem quando bebe.

Lá vamos nós, pensei, nem um minuto de volta a ser JT e lá estava Laura me dizendo que eu tinha problemas e o que fazer em relação a eles. Fiquei irritada, mas sabia que ela tinha razão. Quando bebia eu dizia coisas que JT não deveria dizer.

— Asia está dentro também. Então você não vai ficar sozinha.

Asia. Senti um frio na barriga.

— Certo, eu vou.

Cannes

No BANCO DA FRENTE DA GRANDE van branca, Brian Young mexia no seu Blackberry enquanto Laura e eu estávamos apertadas entre Geoff e Thor na parte de trás. As planícies amarronzadas tremeluziam sob o calor do sol; de vez em quando um pássaro voava na nossa frente. Chegamos ao hotel situado nas montanhas áridas a noroeste de Cannes na tarde anterior. Quando saímos do carro com as bagagens, os produtores carregaram caixas de papelão com o que pareciam ser quilos de maçãs, três sacos de pão de centeio, quatro litros de leite de soja, um pote de manteiga de amêndoas, um pote de geleia e doze barras de chocolate. Eles tinham se oferecido para estocar o nosso quarto com alguns lanches, sem imaginar no que isso resultaria.

Lilly Bright, uma produtora, e seu namorado, Brad, carregaram as caixas. Dava para ver que estavam putos. Tinham passado em todas as lojas de comida saudável de Cannes para encontrar os pedidos de JT.

— Não encontramos suas amêndoas orgânicas — falou Lilly, mal--humorada.

— Estamos sem amêndoas orgânicas? — reclamou Speedie de brincadeira. — Pode devolver!

Lilly fez uma cara feia. Laura logo completou:

— Obrigada. Essas coisas fazem muita diferença. Agradecemos muito o esforço de vocês, Lilly.

Ela parecia prestes a largar a caixa no pé de Laura.

— Quer que eu carregue isso? — perguntei.

Melhor agir como se eu quisesse mesmo aquelas coisas, né?

— Não. Só vou deixar isso aqui. — Ela abriu um sorriso educado para mim.

Asia surgiu, descalça, no batente da porta.

— Qual é a dessas coisas todas?

Dei de ombros como se não tivesse nada com aquilo. Fiz um esforço para me lembrar de manter distância dela. Inclinei a cabeça para trás. "Não vou me apaixonar por ela de novo, por esses pés ossudos descalços, esse cabelo bagunçado e esse sotaque afetado", falei para mim mesma. Quando voltei do Tennessee, não me permitia mais fantasiar sobre Asia. Eu sabia que aquele capítulo tinha chegado ao fim.

Deixamos as caixas em um chalé digno de contos de fada, com um telhado arredondado de madeira e um banco com vista para uma treliça cheia de trepadeiras. Era uma suíte. O quarto tinha uma varanda com vista para uma ravina que se encontrava às sombras. Na porta do armário havia três porta-ternos com a marca Costume National. Laura e eu corremos por cima das caixas e das bagagens, abrindo os zíperes, animadas. O estilista tinha sido enviado especificamente para a estreia de *Maldito coração*, para vestir JT. Ele mandara uma variedade de looks para todos nós. Para Laura, um sobretudo de pelego, camisete de renda, cinto estilo Mulher Maravilha, uma saia longa armada e luvas de couro. Geoff recebeu uma camisa social rosa transparente e uma calça de lã. Escolhi um blazer de lã fino com lapelas bem marcadas, calça combinando, um colete preto entremeado com metal e uma camisa preta com lantejoulas costuradas na frente. Era assim que roupas deveriam fazer você se sentir: minha postura mudou imediatamente, eu falava com mais confiança, não me preocupava com o meu corpo. Estava pronta para a guerra. Se tirasse o blazer, poderia até lutar. Poderia fazer qualquer coisa. Era como encontrar uma nova parte de mim mesma, havia muito perdida no nascimento — agora todo o meu potencial estava recuperado.

Enquanto eu ajudava Laura a colocar luvas de corrida, uma das produtoras, chamada Roberta, entrou. Estava tudo largado pelo quarto. Ela começou a catar algumas peças do sofá e das poltronas.

— Vocês se deram bem! Olha só isso tudo! Que in-crí-vel! JT, você está fantástico! Ah, vocês todos estão! — Ela encontrou outro par de luvas no peitoril da janela. — Posso ficar com elas? — Seus olhos avaliaram os arredores rapidamente.

— Não! — retrucou Laura. — A gente ainda nem sabe com o que vai poder ficar.

— Por favor?

— Não, Roberta! — repetiu Laura, agarrando as luvas da mão dela.

— O que você vai usar, Asia? — perguntou Roberta, ainda parecendo chateada. Asia tinha entrado no quarto silenciosamente.

— Fendi, você sabe. Ainda tenho aquele contrato com eles — respondeu com uma expressão exasperada, depois deu meia-volta e saiu.

Eu me virei para longe, para que meus olhos não a seguissem.

Roberta também foi embora.

Laura as observou e depois deu uma risada baixinha.

— Que entrona!

Quando as vans desceram pelas colinas preguiçosas, o motorista colocou um CD dos Beatles. Laura e Thor cantaram junto: "I am the Walrus. Goo goo g'joob." Os porta-ternos de tecido estavam pendurados como cortinas, balançando para a frente e para trás a cada curva. Asia e eu passaríamos pelo tapete vermelho antes da exibição de *Maldito coração*. Quando chegamos às planícies, de repente o trânsito parou. Brian xingou. Aparentemente *Fahrenheit 9/11* tinha acabado de ser exibido, e um grupo de protesto contra a Guerra do Iraque estava fechando as ruas, gritando e batendo tambores. Nós nos arrastávamos atrás deles. Aqui e ali, entre a multidão com roupas tingidas de tie-dye e placas com o símbolo da paz, via-se orelhinhas verdes.

— Fãs de *Shrek 2*! — apontou Thor.

— Não podemos atropelar esse pessoal? — rosnou Brian. — Vocês vão perder tudo. Temos dezessete minutos para levar vocês. Merda!

De repente, o telefone dele tocou.

— Certo. Tá bom, vamos fazer isso. Certo, ele vai sair agora mesmo. Vou levar as roupas também. — Para nós, Brian falou: — Certo, JT. Você vai chegar mais rápido se a gente sair do carro aqui e eu te levar a pé até o hotel para se trocar e fazer a maquiagem. Depois disso, te levo a pé até o tapete vermelho.

— E onde a gente vai encontrar vocês? — perguntou Laura com veemência.

— Eu te ligo. Provavelmente vocês vão estar a, tipo, um quarteirão de distância quando terminarmos.

— Brian, a gente não pode perder essa estreia, está entendendo?

— Não, não vão.

— De jeito nenhum, Brian — insistiu ela.

Geoff tirou as minhas roupas do gancho e passou-as para Brian, que abriu a porta de correr da van com tanta força que ela quicou e acertou o cotovelo de Geoff. Fervor da indústria. As roupas brilhavam dentro do saco plástico. Brian foi me arrastando pela rua até o hotel. Estava calor, e o cheiro era de gasolina e maresia. Dava para sentir o brilho do mar refletindo o sol. Brian estava atravessando a multidão a cotoveladas àquela altura, empurrando os outros, usando força considerável para alguém tão pequeno. Eu vi Asia e o gerente de imprensa do filme correndo à nossa frente. Passamos por meninos em camisas polo e meninas de vestido, todos usando orelhas de ogro. Atravessamos um divisor de estrada sob a sombra de uma fileira de palmeiras, as frutas vermelhas pontilhando a grama aparada. Os fãs de *Shrek* gritavam de animação. À frente, no topo do cinema onde seria a estreia, uma tela do tamanho de uma trave de futebol havia sido pendurada. A princesa ogra verde surgiu, e logo depois Cameron Diaz apareceu em um vestido de gala branco, acenando para os fãs do tapete vermelho.

Brian me arrastou para a recepção do hotel, que era como uma cápsula escura, fresca e silenciosa. O gerente de imprensa apertou o botão do elevador. Ficamos esperando os números digitais lentamente diminuírem de acordo com os andares. Brian batia o pé, impaciente. Um grupo de pessoas saiu do elevador aos gritos, fedendo a perfume. Chegamos ao nosso quarto, onde um cara forte com bronzeado artificial estava a postos com suas paletas e pincéis espalhados por uma mesa de mogno. Asia se enfiou no vestido, deixando o zíper aberto, e se sentou para fazer a maquiagem. O gerente tirou minhas roupas do saco.

— Te encontro lá embaixo — gritou Brian, correndo para algum outro lugar.

O gerente não respondeu. Em vez disso, exclamou para Asia:

— Amei, Asia! Lindo!

— É um vestido tão chato — reclamou ela.

— Não é, não! É um clássico. Diz tudo que você quer que diga. — Ele bateu palmas. Era um *cocktail dress* anos 40 de crepe de seda preto. — De quem é?

— Fendi — respondeu Asia, chateada.

— U-lá-lá — comentou o maquiador.

— É tão convencional e... fresco. Só estou fazendo isso por causa do meu contrato. É para alimentar minha filha.

— Eu adorei, querida! Sem brincadeira. Amei. Agora, JT, você não tem uma faixa, tem?

Balancei a cabeça. Minha camisa tinha lantejoulas bordadas na frente, não era o suficiente? Ele estalou a língua.

— Você não vai ficar perfeito sem uma faixa. Quer a minha?

Ele puxou uma faixa de seda vermelha da bolsa Louis Vuitton.

— Não. Eu... Só deixa eu me vestir.

Entrei no banheiro. Quando saí, ele disse:

— Você não pode tirar essa peruca boba?

— Não, não posso.

— E esses óculos bobos?

— Ele não vai fazer isso — respondeu Asia, fazendo bico enquanto o maquiador dava os toques finais.

Seu rosto estava empoado como uma trufa.

— Esquisitão. Mas você estava certo, não precisa da faixa. Ai, *merde*, precisamos ir. Estamos prontos?

Asia se olhou no espelho.

— Você colocou maquiagem demais em mim! Estou parecendo um travesti!

Ele tinha mesmo carregado um pouco nas sobrancelhas.

— Eu quero você glamorosa! Precisa ficar bonita para as câmeras — defendeu o maquiador.

Asia levantou, esfregando o rosto com as mãos. Quando se examinou no espelho, gritou:

— Estou gorda!

— Não está, não — retruquei com a voz grave.

— Querida, você não está gorda! É claro que todo mundo quer perder uns quilinhos para as câmeras. — O gerente de imprensa ergueu as mãos e as correu pelo quadril. — Engorda cinco quilos, querida! — comentou, fechando o zíper do vestido. Ela revirou os olhos como se ele fosse uma tia-avó, e ela, uma adolescente.

Em certo momento da noite anterior, quando nos encontramos nos degraus de pedra do lado de fora da *villa*, Asia agarrou a própria barriga por cima da camiseta e se queixou que estava gorda, naquele mesmo tom. Estivera de tênis, com sua calça jeans rabiscada à caneta e um suéter largado. Seu cabelo tapava os olhos. Ela mergulhou no macarrão à carbonara, dizendo, com a boca cheia:

— Minha nossa, eu preciso de uma taça de vinho para acompanhar.

Concordei, e ela me olhou como se dissesse: "Você não precisa tanto quanto eu."

Eu tinha pedido as *crudités*, uma refeição anoréxica que continha rabanetes inteiros, endívias, cenouras e diferentes tipos de pasta de anchova. Senti Asia observando meus legumes crus e de repente ela disse:

— Você, com sua capoeira e suas comidas saudáveis.

Ela nunca mencionara a capoeira ou meus hábitos alimentares antes. Fiquei surpresa que tivesse notado. Eu ainda usava o mesmo tamanho, que na minha cabeça nunca seria magro o suficiente para que ela se sentisse atraída por mim. Por um momento eu me senti meio satisfeita, na verdade. Lá estava ela: derrubada, humilhada. Pensei com um pouco de raiva: "Bem-vinda ao *nosso* clube." Então me vi mudando para um pensamento mais maternal: "É melhor você comendo do que usando drogas."

Recentemente eu tinha ido a uma reunião dos Comedores Compulsivos Anônimos. Mas ainda não estava pronta para dizer aquela frase inicial: "Meu nome é Savannah e eu sou uma comedora compulsiva." Será que era mesmo compulsão? E por que eu não conseguia falar sobre isso? Ainda não tinha contado para minha mãe nem para minha irmã. Quando fui à reunião e os membros vieram me cumprimentar, dizendo "Oi, Savannah!", tive vontade de dizer: "Não me chamem assim." Quis ter me apresentado com um nome falso.

Desejei poder resolver esse problema sozinha, mas minhas tentativas não davam certo. Pensei, por exemplo, que eu poderia simplesmente ficar obcecada por alguma outra coisa. Mas eu fazia exercícios demais para mergulhar no álcool ou nas drogas. Como eu adorava me furar com agulhas enquanto ouvia boa música, considerei me cortar. Sentada ali com Asia, me perguntei se ela sempre tivera problemas com o próprio corpo. Aquilo me fez pensar: seria assim sempre? Não podemos viver sem algum tipo de obsessão, compulsão ou vício pairando sobre nossa cabeça? Eu admirava Asia e Laura, duas mulheres extremamente poderosas, ambas aclamadas por sua arte. Bem, o caso de Laura era diferente, mas dá para entender o que quero dizer. Será que a gente não compreende as coisas da vida depois de um tempo?

Asia, o gerente de imprensa e eu voltamos a nos enfiar no elevador. Asia mexeu os quadris, tentando ajeitar a calcinha por baixo do vestido justo. Encontramos Brian na recepção, encurvado sobre o telefone, e mergulhamos de volta na multidão. Cruzamos a rua e forçamos passagem pelo núcleo de orelhas de ogro.

— Agora, andem com confiança — murmurou o gerente de imprensa atrás de nós. — Você está maravilhosa, Asia. Não se esqueçam de cumprimentar a Madame e o Monsieur no topo da escada.

Vi luzes piscando assim que os portões se abriram. O gerente de imprensa me deu um empurrãozinho. Na nossa frente havia uma estrutura em degraus, lotada com ondas e mais ondas de paparazzi. As luzes eram ofuscantes. Tudo que eu via eram manchas brancas, como se meus olhos tivessem derretido pela luz excessiva. Comecei a andar muito rápido, então Asia pegou minha mão e me segurou. Seu toque causou alguma coisa estranha em mim. Uma calma se espalhou da ponta dos meus dedos ao meu torso. Ela andou bem devagar, parando um pouco de passo em passo. Então ela me largou e colocou a mão na cintura, posando e sorrindo.

Eu a segui, forçando o nervosismo de JT. Eu era um pouco JT, alguém que não se encaixa, andando a passos curtos como Charlie Chaplin, virando a cabeça de um lado para o outro como se estivesse procurando uma pessoa. Até olhei para o céu, pensando "pode caprichar se quiser. Ninguém neste lugar sabe quem você é ou como chegou aqui". De óculos escuros, chapéu de vaqueiro, peruca e com os ombros caídos, JT era impenetrável. Passamos da parede de câmeras até um casal majestoso de pé uma escada. Esses eram os fundadores do Festival de Cinema de Cannes? Realeza? Asia agradeceu graciosamente. Gaguejei meu obrigado aos excelentíssimos. A mulher se aproximou, com dificuldade para ouvir o que eu dizia, e recuei às pressas, como se um cachorro estivesse tentando me morder. Ela recuou também, apertando os lábios, um tanto confusa. Nós saímos dali, em direção aos fundos do edifício.

— Você foi incrível, Asia. *Ciao!* — gritou o gerente de imprensa.

De repente, Laura, Geoff e Thor apareceram.

— Meu amor, foi fantástico! Você passou bem em frente à Angelina Jolie!

— Você parecia nervoso — comentou Thor.

Brian apareceu atrás da gente e puxou minha manga.

— A gente tem que ir pra estrela. Vamos.

— Thor e eu não vamos ficar para o filme. Temos um encontro marcado com sorvete. Vemos vocês mais tarde. Quebre a perna, JT — disse Geoff.

Dei um beijo nos dois.

— Vamos, temos que ir — gritou Brian, impaciente, puxando minha mão. Laura nos seguiu quando ele me arrastou pelo lobby de mármore, subindo degraus, virando uma esquina e subindo mais degraus. O Blackberry de Brian estava erguido como uma bússola. Ele disse: — Temos que nos separar. JT e Asia entram primeiro.

De repente o gerente de imprensa estava nos levando a algum lugar, enquanto Brian segurava Laura para trás. Eu não entendia por que tudo era tão complicado. Dava para ouvir Laura reclamando com Brian. Entramos no cinema escuro. Pessoas com lanternas nos levaram às primeiras fileiras. Um holofote nos encontrou enquanto subíamos a escada na frente da tela. Mantive a cabeça baixa e comecei a tremer.

Asia recitou uma lista sucinta, agradecendo a todos que tornaram o filme possível, depois passou o microfone para mim. Sob a sombra do chapéu, eu discernia vagamente silhuetas de pessoas, seus olhos brilhando como os de gatos na escuridão, esperando.

— ...

— ... Eu gostaria que vocês assistissem a isso com o coração aberto.
— Uma vozinha tímida, carregada, feminina. — É um filme... muito...
corajoso... *Vive la resistance!*

Eu tinha decidido o que falar durante o voo. As pessoas começaram
a aplaudir, e eu segui Asia para fora do palco.

De repente, reconheci uma silhueta descendo a escada em botas
de luta livre, óculos escuros e um chapéu clochê. Eu conhecia aquele
andar. Eu o tinha seguido quando entramos no lounge VIP da Virgin
de pijamas, no bufê de café da manhã do Ritz-Carlton... tantos lugares
que nunca esperei estar. Brian se arrastava atrás dela. Asia e eu nos
aproximamos e sentamos nos lugares reservados. Laura agarrou minha
mão e sussurrou, com a voz rouca:

— Eu quase não consegui entrar por causa daquele merdinha ali.
Tive que lhe dizer umas poucas e boas, mas conseguimos! Te amo!

— Também te amo.

Ela se esticou por cima de mim, pegou a mão de Asia e disse o
mesmo naquele tom rouco. Asia olhou para ela sem entender, então
apertou a mão dela de volta. Quando as luzes diminuíram, mantive o
braço possessivamente sobre o apoio, a mão junto à de Asia. Talvez a
gente fosse ficar de mãos dadas. Senti as antigas fantasias ressurgindo.
Talvez a gente fosse transar, talvez a gente se apaixonasse, talvez a gente
fugisse para se casar. Um sonho da noite anterior passou pela minha
mente: Asia e eu de pé, juntas, em um penhasco em frente ao mar. A
luz do fim de tarde refletia dourada na água. Cigarras cantavam tão
alto que mal dava para ouvir o que ela dizia, mas não importava. O
som digital surround do cinema ressoou, e Jeremiah surgiu na tela.
Ele estava sendo tirado da família temporária.

Tirei a mão do apoio de braço e a pousei gentilmente no meu colo.
Pensei: Talvez não. Isso não é a escola. Eu não preciso dela para me
dizer quem sou.

No fim do filme, comecei a aplaudir com tanta força que minhas mãos
ardiam. Eu estava soluçando sem nem perceber. Senti que as pessoas

olhavam para nós, mas eu já tinha ultrapassado o ponto em que seria possível parar, como quando você vomita tanto que não sai mais nada e só há movimentos vazios do estômago. Soluçava tanto que parecia um cavalo relinchando. Tudo vinha à tona — o que havia acontecido com Asia no Tennessee, a história de JT, a história de Laura e todo o meu desejo de ser outra pessoa, de ser alguém que Asia quisesse, que os outros respeitassem, não só uma garota qualquer, uma dublê, uma marionete.

Laura se levantou, arrastando-me com ela, e me carregou pelos ombros para o corredor e daí para uma cabine de mármore do banheiro. Soluços incontroláveis dominavam meu corpo. Ela me abraçou e eu me segurei a ela como a uma boia salva-vidas.

— A gente chegou tão longe! Shhh. Shhh — sussurrava ela, apoiando minha nuca. Eu joguei minha peruca longe.

— É tão triste. É tipo um soco no estômago! — chorei, tentando explicar minhas lágrimas com o filme.

— Eu sei. Nem acredito que veio de mim. — Ela também estava chorando. O rímel escorria pelo rosto. De repente, ela se afastou para me olhar nos olhos. — Acho que você precisa dizer a Asia como se sentiu sobre aquilo no Tennessee.

— Por quê? — Até então eu não tinha nenhuma intenção de fazer isso.

— Eu vi. Vi como você reprimiu tudo. É como quando você tem um machucado e forma uma casca, mas ainda está cheio de sujeira por baixo. Ainda tem umas merdas aí por baixo. Você precisa voltar e limpar a sujeira.

Meu corpo ficou tenso.

— Não posso. Está tudo acabado entre a gente. Ela não vai mudar, mesmo que eu fale com ela. — Eu não queria *processar* nada e imaginava que Asia também não queria.

— Mas e quanto a você?

Ela pegou uma toalha no balcão, molhou e se aproximou do espelho para limpar o rímel do rosto.

Alguns minutos depois, Laura e eu saímos do banheiro e encontramos Asia esperando no corredor, cercada por uma fila de espectadores. Eu estava meio envergonhada. As pessoas me observavam, curiosas, me olhando como se perguntassem: "Tem certeza de que está bem?" Alguém me entregou uma barra de chocolate. Todo mundo parecia precisar de algo para melhorar. Um drinque. Eu não queria aquele povo todo olhando para mim e pensando: "Ah, coitadinho dele, todo fodido!" Mas as pessoas não iam embora. Fiquei ao lado de Laura, sem fazer contato visual com ninguém, só olhando para o chão. Depois, fomos embora com os produtores e tivemos um jantar bem ruim, seguido de uma festa lotada em uma cobertura, onde a tentação de ficar bêbada me perseguia em taças de cristal equilibradas em bandejas de prata. Foi difícil manter a promessa que fizera a Laura de não beber. Mas eu estava torcendo para passar um tempo com Asia. Em vez disso, Laura e eu fugimos da festa em pouco tempo.

No dia seguinte, decidi que falaria com Asia depois que as coletivas de imprensa acabassem. A primeira era em um palco pequeno em um deque, e um grupo de uns cinquenta repórteres estavam sentados à nossa frente em cadeiras dobráveis. Asia balançava as pernas cruzadas e tirava o cabelo dos olhos com um gesto da cabeça. Estava menos graciosa do que na noite anterior, mais nervosa, pronta para a batalha, de jeans e um moletom preto de mangas curtas com um boné de couro por baixo do capuz.

Um repórter da *Variety* perguntou:

— Você mergulha na vida dessa pobre criança de uma forma que é quase exploradora, um acontecimento horrendo após o outro. Você estava fazendo uma referência a Courtney Love?

Asia pigarreou, dando um sorrisinho controlado.

— Sabe, as pessoas me falam isso e eu fico surpresa. Acho que é o cabelo loiro. E o arquétipo da mãe punk-rock. Eu e JT conversamos sobre isso... — Eu só podia imaginar que sim. Não me lembrava de ter falado com ela sobre nada exceto para dizer que ela não estava gorda. — Nos anos 1950 a gente tinha o arquétipo da mãe dona de casa. Nos anos 1960 era a mãe hippie. Nos 1970 era a mãe solteira que ia às discotecas. E nos 1980, bem, nós estamos começando a descobrir esse arquétipo. E o punk-rock foi uma das subculturas mais profundas. Então as pessoas associam Courtney Love ao personagem da Sarah porque não sabem como identificá-la. A mãe não é um personagem preto no branco. Eu queria capturar o que estava nos livros de JT. — Ela apontou para mim. — Essas nuances. Sarah ama o filho, mas é um amor complicado. Ah... — sua voz ficou mais baixa. — Ela quase o considera uma parte de si, uma extensão, um apêndice.

Impulsionada pela voz de Laura na minha cabeça, eu a interrompi:

— Nem todo mundo teria a coragem de contar essa história. Não é como se isso não acontecesse com as crianças por aí. Sabe, é tipo... hum... isso já aconteceu antes. E provavelmente vai acontecer de novo. Tipo, nos Estados Unidos, nem todo mundo pode dirigir, precisa passar em um teste antes. Mas qualquer um — era assim que Laura dizia —, qualquer um pode ter um filho. As pessoas têm filho a torto e a direito, sabe?

A resposta não teve o efeito esperado. Eles não acreditaram em mim. Olhei para Asia, que também não parecia estar ali comigo. É isso, pensei, não vou falar mais nada. Música ecoava pela porta aberta, e de repente alguém fez uma pergunta para mim.

— JT, você diz que sua ficção é baseada em eventos da sua vida, mas nós não temos a menor ideia de quem você é sob a peruca e os óculos. Sua voz também parece de mulher...

Meu estômago se revirou. Isso de novo.

Alguns meses antes, eu não estava pronta para responder, mas agora eu sabia o que dizer com confiança.

— É, é verdade. Quero dizer, eu poderia mesmo ser qualquer um. Eu poderia ser um cara negro de duzentos quilos de Idaho. Não importa. Meu trabalho está aí. Vocês todos me conhecem pelo meu trabalho.

— JT, como você e Asia descobriram um ao outro?

Outra pergunta segura. Infelizmente, eu não sabia a resposta dela. Como a gente tinha se conhecido. Quer dizer, eu sabia como *a gente* tinha se conhecido, mas se eu inventasse ela saberia. Como eu podia não saber disso? Sentia Asia me encarando.

— Hum, é... Bem, hum.

Ainda bem, Asia me salvou.

— Um amigo em comum, Billy Chainsaw, que mora na Inglaterra, me deu os livros de JT. Eu li e fiquei abismada. Nunca tinha me identificado tanto com um livro. Nunca tinha reagido desse jeito à literatura. Então uma coisa engraçada aconteceu: a editora italiana de JT me convidou para ler o trabalho dele em um festival literário.

— Então passamos algumas semanas juntos na Itália. No final, ela me perguntou o que eu achava de transformar os livros em um filme — completei.

— Mas ele foi muito vago — brincou ela.

— Bem, eu não tinha certeza, sabe. Porque Gus tinha falado de fazer algumas das histórias. Mas eu queria que ela fizesse.

Outro repórter se dirigiu a mim.

— JT, o que você achou do filme?

— Bem, quer dizer, estou aqui, não estou? Estou abismado e muito feliz que ela tenha me incluído tanto no processo e respeitado tanto o material. Ela foi, tipo, além de qualquer expectativa. É tipo conseguir exatamente o cobertorzinho de leão que minha mãe tinha. E eu acho que é um filme muito corajoso, sabe. — Agora diga o negócio do cano que a Laura falou, pensei. — Desde que era criança, eu queria grudar um cano ligando a minha cabeça à de outra pessoa para poder dividir essas imagens com alguém e não ficar sozinho com elas. — Minha voz tremeu. Jesus, pensei, toda vez que eu falo ou começo a chorar ou vomito. — Então isso tem sido realmente uma bênção... — Perdi o rumo.

As entrevistas se estenderam por todo o dia. Fizemos mais uma mesa-redonda, e depois o gerente de imprensa de Asia nos separou, levando-nos de um jornalista para o próximo. O sol forte da tarde refletia na superfície da piscina, um quebra-cabeça de reflexos e refrações. Eu me sentia como se estivesse em um jogo de tabuleiro. Estava preocupada com a possibilidade de nossas respostas não baterem. Laura, Geoff e Thor passaram o tempo sob o toldo de um café junto à piscina. Em certo momento, Laura mandou um prato de comida para mim, que comi sob o sol sem aproveitar muito, meu jejum mais uma vez abandonado.

No fim do dia, depois da última entrevista, nos sentamos em cadeiras na grama, exaustos. Sentia Laura me perguntando com os olhos quando eu iria falar com Asia. Olhei por cima do ombro e suspirei. Relutante, eu me levantei e fui sentar ao lado de Asia, deitada na espreguiçadeira.

— Hum, a gente pode conversar a sós?

— Tá bom.

— Vamos ali — falei, apontando.

Fomos até o outro lado da piscina. Todo mundo em pé do lado oposto estava nos observando. Eu conseguia sentir as cabeças virando.

— Vamos para o banheiro — falei.

Parecia um cenário apropriado nos últimos tempos. Eu sentia a voz de JT se misturando à minha. Olhei para ela e respirei fundo.

— Eu só queria te dizer que você me magoou quando passou a noite com Mike no Tennessee, não que vocês não devam ficar juntos, quer dizer, eu só queria não estar no mesmo lugar. Foi, tipo, esquisito. E meio merda. Não sei por que você me levou junto, para começo de conversa.

Ela começou a chorar.

— E, tipo, eu não teria falado nada, mas acho que meio que fico pensando nisso, fica voltando toda hora, então eu, hum, só queria te dizer. — Hesitei. — Estou tentando falar mais sobre os meus sentimentos e não esconder tudo.

Ela continuou chorando, então passou a soluçar também. Eu a abracei. Aquilo me lembrou da cena em *Maldito coração* em que o pequeno JT abraça a mãe quando estão pintando o cabelo de preto em um banheiro público.

— E eu realmente gosto de você como amiga. Como amiga mais que tudo. Você é mesmo incrível.

Pronto. Estava dito.

Ela recuperou o fôlego, engoliu em seco, depois rosnou:

— Desculpa por ter feito aquilo.

— Quer dizer, tudo bem. Não é nada de mais. Eu não queria um pedido de desculpas. Só pensei que deveria me expressar por *mim*... por *mim*.

Tóquio

ESTÁVAMOS EM UM RESTAURANTE LOCALIZADO no último andar de um hotel enorme, com janelas para a paisagem noturna de Tóquio. A cidade se estendia, plana, à nossa frente, como um deserto. No interior, havia cadeiras e cabines cercadas de telas entre cada mesa, todas em estilo ocidental. Na noite passada, tínhamos ido a um restaurante japonês tradicional, uma colmeia de cômodos de madeira clara, onde nos sentáramos em tablados com almofadas tingidas de índigo. Enquanto os garçons serviam três cavalinhas salgadas inteiras, uma variedade de sushis, sashimis e flores de algas roxas e verde-escuras, Asia entrou.

Ela deu a volta em uma das telas, seguida por um menino com cabelo castanho comprido e uma pele saudável. Era um músico, usando sobretudo, All-Stars pretos e jeans escuros. O nariz e as bochechas de Asia estavam corados pelo frio do exterior. Os distribuidores de *Maldito coração* todos se levantaram para receber Asia e seu amigo. Laura e eu a cumprimentamos com menos cordialidade.

Antes de irmos para o Japão, Laura, Geoff e eu tínhamos viajado para a Itália de novo a convite dos editores italianos de JT. Asia concordou em participar dos eventos literários, mas furou todos, e todos em cima da hora. Como JT sempre promovera os filmes dela, Laura estava putíssima. Eu queria partilhar dessa raiva, mas era difícil ter ânimo para isso. Eu sentia, é claro, que teria sido legal se ela fosse aos eventos de JT, já que ele tinha ido aos dela, mas Asia não faria nada que não quisesse. E realmente não fez. Como sempre, eu era a Suíça, neutra até dizer chega.

Quando Asia se aproximou e se sentou na cadeira ao meu lado, estendi a mão amigavelmente para seu companheiro, Billy. Bem-vindo ao clube, amigo.

— Ei, como estão as coisas, cara? O que vocês fizeram enquanto a gente estava na torre?

— Hum, na verdade eu meio que me perdi no metrô. Parecia que estava numa cena de *Encontros e desencontros*.

Eu tinha que admitir, ele parecia ser um amor de pessoa. Asia e eu passáramos por entrevistas no hotel das nove da manhã às sete da noite, sem parar. A primeira tinha sido para o *Yo! MTV*. Laura havia insistido para que eu usasse uma camiseta da banda Thistle, apesar de eu odiar camisetas, especialmente com estampa.

— Não quero usar isso! Não vou ficar à vontade. Não é o meu estilo! — reclamei.

Por que não podia usar algo que me fazia sentir bem? Por que não podia usar algo da Costume National?

— Faça isso pelo seu irmão!

Isso me fez calar a boca.

Ukio* veio e nos entregou copos do Starbucks.

— Bom dia — disse ela, simpática, pegando pacotinhos marrons de açúcar nos bolsos.

Tirei a tampa de plástico. Uma fina camada de espuma marrom e branca enfeitava a bebida.

Um latte!

— Fui eu que pedi isso pra você — disse Laura, dando um gole do seu copo, ainda com as luvas de lã dos Misfits.

---

* Não me lembro dos nomes dos editores ou dos distribuidores japoneses do filme, então isso é inventado.

— Obrigada — falei, abrindo o pacote de açúcar. — Tá bom, eu uso a merda da camiseta.

Asia passara por nós sem falar nada e se sentara no sofá onde a próxima entrevista aconteceria. Dois caras vieram do outro lado do cômodo, cuidadosamente procurando o melhor lugar para colocar o microfone, como se esboçando um mapa na jaqueta dela.

— Ei, esperem. Deixa eu tirar isso. Não vou usar durante a entrevista.

Quando Asia tirou a jaqueta, percebi que estava usando uma camiseta preta da banda Dominion,* com um lettering antiquado em prata.

A camiseta dela é muito melhor que a nossa, pensei. Laura olhou para Asia e apontou.

— Está vendo? Ela sabe como isso funciona.

Kiosuke fez um sinal para eu me aproximar, então corri para vestir a camiseta por cima da camisa social. Fiquei sentada ao lado de Asia no sofá, exausta.

Um cinegrafista com dreadlocks bem arrumados se postou à nossa frente, e o entrevistador e o intérprete pararam do lado dele.

Eles começaram com as perguntas de sempre sobre o filme, quando seria a estreia... Depois, entraram em tópicos mais gerais.

— De que tipo de música vocês gostam?

— Bem, gente... — Apontei para a camiseta como Vanna White. — Tenho escrito músicas com a minha família, e é impressionante o poder disso. A banda é ótima. Astor é tipo um deus da música. E Speedie Dois canta. Era a Speedie Um. — Apontei para Laura. Ela tinha desistido de cantar e nomeado a substituta. — Nós acabamos de fazer vários shows na Itália, e foi incrível. — Dei uma olhada em Asia. — Eu amo o imediatismo da música, cara. Tipo, passo o dia inteiro escrevendo num quartinho escuro e então vou para a cozinha

---

* Não me lembro do nome da banda, então inventei.

e Astor está tocando violão e Speedie está cantando, o sol brilha do lado de fora, as plantas estão felizes. Eu demoro meses, anos para ver a reação das pessoas às coisas que escrevo. Mas com a música! Quando ouço a banda tocar ao vivo fico tão feliz que poderia chorar.

Asia começou:

— Estou amando essa banda, Dominion. Eles têm um som bem profundo, muito rico e emotivo. A música deles está no filme, na verdade, é uma das últimas músicas. Linda.

— Vocês fazem ioga? — continuaram.

— Não — respondemos em uníssimo.

— Desculpa — interrompeu Asia. — Podemos parar por um segundo? Eles pararam de gravar. Ela gesticulou para o outro lado do cômodo.

— Dá pra tirar *ela* da minha linha de visão? Não consigo me concentrar com ela... me encarando da parede.

Todos ficaram em silêncio enquanto Kiosuke levava Laura para fora. Ela não podia dizer nada de volta, não no meio da entrevista. Então Laura só abriu um sorriso agressivo.

Mais tarde, quando nos sentamos para jantar, eu estava nervosa. Asia e Laura eram tão teimosas. Ukio, sem perceber a tensão, explicava o que havia em cada prato que nos era servido. Todos erguemos os hashis e começamos a comer. Ukio jogou o longo cabelo para trás do ombro, espetando a cavalinha com habilidade, a pele iridescente como mercúrio. Arrancou pedacinhos da carne marrom e serviu em nossos pratos. O peixe era macio e oleoso. Os três distribuidores do filme conversavam em voz baixa, observando-nos comer com aprovação.

Depois que limpamos os pratos dos aperitivos, Asia perguntou:

— Tudo bem se eu fumar?

Kiosuke assentiu.

— Claro. Pode fumar basicamente em qualquer lugar do Japão.

Na mesma hora, porém, Laura falou:

— Não, ah, não. Você pode não fumar? Você sabe que eu passo mal.

Essa era a luta constante de Laura no exterior. Parecia que a maior parte do mundo fora dos Estados Unidos fumava em carros, à mesa, onde bem entendessem. Eu sabia que ela passava mal, mas mesmo assim tinha dificuldade em defendê-la nisso. Adorava poder fumar em qualquer lugar.

Asia já tinha acendido o cigarro quando Laura exclamou:

— Por favor!

Asia soprou fumaça na cara dela, rosnou e jogou o guardanapo na mesa.

— Por favor o quê?

Ela ficou encarando Laura, a fumaça girando na frente do rosto dela como uma interrogação maldosa. Laura a encarou de volta.

— Por que você é tão princesinha, hein?

— Eu não preciso ficar sentada com essa merda — retrucou Asia e levantou-se, em um movimento rápido indo para outra mesa.

Billy seguiu-a, leal. Terminamos nosso jantar, conversando timidamente como se tentando preencher os lugares vazios à mesa, fingindo não ouvir a conversa pessoal deles a algumas mesas de distância. Ninguém, exceto Kiosuke, tinha ideia do que estava acontecendo.

Depois do jantar, eu me aproximei de Asia.

Ela estava sentada, os ombros encurvados, e soprou fumaça na minha cara. Olhei por cima dos óculos escuros.

— Por favor, você pode voltar e se sentar com a gente? Por favor?

Billy e eu trocamos um olhar. Ele era favorável, mas não podia fazer nada.

— Não, eu não sou obrigada a aturar aquela mulher me dando ordens. Eu não preciso ouvir ninguém falando comigo desse jeito.

— Por favor. Vem.

— A gente pode fumar lá fora, depois do jantar — falou Billy.

— Isso. A gente pode fumar junto lá fora depois do jantar — repeti, agradecida.

Billy era incrível.

Ela levantou e nos seguiu. Seus movimentos sugeriam que ela não estava certa do que estava fazendo.

Todos nos sentamos juntos de novo, e os potes de porcelana com as sobremesas chegaram. Bolinhas de mochi salpicadas de açúcar balançavam ao lado de uma bola de sorvete de chá verde. Por cima, cubos de gelatina transparente, feijões vermelhos e fatias de maçã fuji cortadas no formato de coelhinhos.

Não sei quem falou primeiro, e não lembro o que iniciou a briga, mas lembro bem de que só tinha dado algumas colheradas na sobremesa mais deliciosa que já tinha comido. E lembro de pensar: essas duas filhas da puta não podem esperar até depois da sobremesa? Como posso aproveitar esse oásis de mochi com vocês gritando uma com a outra? Deixei o final do sorvete derreter no fundo da língua, mas não senti nenhum prazer.

— Então todo mundo tem que ficar ligado quando está perto de você? Você cospe fumaça na cara dos outros, manda as pessoas saírem da sua frente, e todo mundo tem que simplesmente te obedecer? Você não sabe viver sem passar por cima dos outros! E sei que só furou nos nossos eventos porque eles não te trariam nenhuma vantagem. Você é uma princesinha egoísta! — gritou Laura.

Asia revirou os olhos.

— Vá se foder — disse, com veneno na voz. — Não pude ir aos eventos na Itália na última vez porque eles queriam tirar minha filha de mim. E os eventos foram ótimos sem mim. Estou promovendo o filme... o filme que eu fiz para o JT!

Suspirei e fiquei olhando a gelatina de ágar-ágar tremeluzir. As maçãs fuji gemeram baixinho.

— Mas você se comprometeu — berrou Laura. — E acho que a gente sabe bem para quem você fez esse filme, e tudo bem, mas não fique fingindo que é a Madre Teresa em pessoa por isso. — Laura estava apontando para Asia, e dava para ver que isso a incomodava. — Você disse que iria. E nos envergonhou. E envergonhou nossa editora. Todo mundo quer distância de você. Vive se fazendo de vítima. Pobre Asia! Mas eu sei por que não consegue cuidar direito da sua filha.

— Não fale da minha filha. Você não sabe nada de mim. Como você ousa meter minha filha nisso!

Suas vozes estavam uma oitava mais altas. Todos na mesa estavam de cara fechada. Kiosuke tentou acalmá-las, mas era tarde demais. Era uma avalanche de drama. Asia se levantou e jogou a cadeira para trás, vociferando naquele tom arranhado que só fumantes têm:

— Vai se foder!

E saiu do restaurante batendo pé.

Laura gritou às suas costas, erguendo a cabeça por cima dos biombos de papel-arroz:

— Porque você é uma viciada de merda!

Billy levantou e murmurou:

— Hum, talvez a gente volte.

De repente percebi que a cabeça de Ukio estava baixa, e uma lágrima caiu no seu pote de sorvete. O sal deixou uma marca na ilha verde derretida. Ela ergueu o rosto e falou:

— Não entendo por que vocês estão brigando assim.

O restaurante estava em silêncio.

De volta ao quarto do hotel, Laura e eu trocamos de roupa e começamos a escovar os dentes. Ela apoiou um dos pés na banheira de pedra.

— Eu sinto essa raiva em relação a ela. Mas sei que tudo tem a ver com as dinâmicas que eu mesma criei. Mas hoje não consegui me segurar, de verdade. Ela estava mesmo forçando a barra. Eu poderia ter resolvido tudo ali na hora, poderia ter dito para ela quem eu sou de verdade e acabou.

Dava para ver como aquilo era difícil para Laura.

— Bem, e ela ter feito isso na frente de todo mundo torna tudo ainda mais difícil para você.

— E essa é a questão, sabe, ela está dificultando tudo para todos nós, e temos que manter as aparências para a editora. Isso é o mais importante.

Ficamos ali, limpando os dentes. Eu estava repassando aquele dia, sabendo que era uma situação emocionalmente impossível para nós, e ciente da situação ainda mais instável que teríamos que enfrentar amanhã, com a imprensa. Mas eu também estava grata pela conexão que estávamos dividindo naquele momento.

— Eu amo você. Amo de verdade. Acho que estou aprendendo muito sobre mim mesma nessa experiência com você.

Do lado de fora, a neve caía. Alguns flocos se grudavam ao vidro e outros derretiam. Laura parou perto da janela.

— Também acho que estou aprendendo muito com você.

Fiquei surpresa. O que ela poderia aprender comigo? Eu era só uma garota qualquer.

— Sério?

— Constantemente — exclamou ela. — Constantemente!

Então Laura ficou pensativa.

— Sabe, eu meio que não me encaixo aqui no Japão. Sou alta demais, falo alto demais. Sinto como se estivesse assustando as pessoas o tempo todo. E aí Asia me vem com essa merda além de tudo... É muito difícil porque tenho a sensação de que todo mundo está me olhando e pensando, "Qual o problema dela?", como se eu nem devesse estar aqui.

Quando deitamos, depois de apagar as luzes do quarto, Laura começou a contar histórias de quando era criança de novo.

— Eu sabia que tinha talento. Quando os professores não estavam vendo, eu estava sempre entretendo as outras crianças. Às vezes um grupo de olheiros vinha à escola encontrar crianças talentosas para filmar nas aulas, e os professores é que decidiam quem seria escolhido. Eles nunca me escolhiam. Às vezes eu sentia uma raiva horrível dentro de mim. Sabia que era uma líder; sabia que tinha algo. Até a equipe via como eu animava as outras crianças, como as fazia rir. Eles reconheciam meu potencial, mas eu sabia que os professores desconversavam, empurrando a menina loira bonita com marias-chiquinhas. Foi aí que percebi que eu sempre teria que trabalhar em dobro.

Eu me recostei nos travesseiros de pluma, a cabeça afundando devagar no cheiro de lençóis de algodão limpos. Dava para ouvir Laura ajeitando seu cobertor fofinho, amassando-o e ronronando como um gato.

De repente, ouvi umas batidas no quarto, baixinho, como se alguém estivesse batendo os nós dos dedos nas paredes. O som ricocheteava em todos os cantos. Ia mais rápido depois mais devagar.

— Lá vai — falou ela, baixinho.

— O que é isso? — sussurrei.

— Não vai te machucar. Só faz isso. Quando eu tinha 12 anos estava muito mal. Ia me matar. Estava planejando várias maneiras na minha cabeça, sentada no quarto que dividia com a minha irmã. Ela estava vendo TV, e de repente comecei a ouvir esse barulho. Ele quicava pelo quarto como agora. Eu não acreditava em fantasmas, embora minha tia os visse o tempo todo. Pensei que talvez fosse o prédio se assentando, mas está ouvindo como muda de velocidade? Pedi para a minha irmã desligar a TV e perguntei se ela estava ouvindo. Mas não. Então chamei minha mãe, que ficou prestando atenção mas disse que também não estava ouvindo nada. Mas, quando ela falou "Você pode dormir comigo hoje", eu soube que tinha ouvido, sim.

Laura suspirou.

— Depois de todos esses anos, percebi que na verdade é o meu guardião. Em momentos da minha vida em que eu penso de verdade em desistir, ele aparece. Outras vezes, ele aparece quando estou bem, só para ver como estão as coisas. JT está conectado a ele também.

Ela apertou minha mão. Nós ficamos deitadas, lado a lado, as luzes da cidade pulsando pela janela.

Eu só o ouvi naquela vez.

Hollywood

CARRIE FISHER NOS ENCONTROU NA ENTRADA da casa dela usando um roupão de algodão azul-marinho e chinelos. Era mais ou menos um palmo mais baixa que eu e tinha o cabelo na altura dos ombros. Seu sorriso de canto de boca, um tanto travesso.

— Que bom que vocês estão aqui — disse ela carinhosamente, abrindo os braços. — Como foi o voo? — Ela nos chamou para segui-la, e nos levou por um caminho até um pequeno chalé entre as árvores. Ao abrir a porta de tela com um rangido, completou: — Este era o quarto do Harper. — Ela se referia a seu enteado, filho de Paul Simon. Ela também tinha uma filha, Billie, de outro casamento. — Fiquem à vontade. Já volto. Tenho que falar com a minha assistente.

Laura tinha trocado e-mails com Carrie como JT durante meses. Elas pareciam apreciar o estilo de escrita uma da outra e partilhavam um senso de humor ácido. Carrie tinha se oferecido para ajudar JT caso ele precisasse vir a Los Angeles, e recentemente haviam surgido algumas ofertas para escrever projetos em Hollywood.

Nos retiramos para o quarto. A cama estava feita com uma colcha de retalhos. Alguns desenhos de pássaros a caneta foram emoldurados e pendurados nas paredes. As janelas em ferro fundido à direita da cama davam para um enorme carvalho coberto de luzes de Natal. Nos galhos, alguém tinha pendurado uma plaquinha que dizia: "Aconteceu certa noite."

Um caminho de pedras levava até a *villa* caiada centenária de Carrie. A casa já pertencera a Bette Davis. Carrie nos mostrou, em uma viagem anterior, uma revista antiga com uma foto da atriz na sala de jantar, com um mordomo negro servindo bacon e ovos.

Laura e eu desfizemos cerimonialmente nossas malas. Dei uma olhada nas minhas roupas, pensando se deveria me trocar. Laura retirou os presentes que havia juntado para Carrie: uma tartaruga de chocolate amargo, esculpida por Michael Recchiuti, enviada a JT por ter escrito uma indicação apaixonada de seus chocolates; uma cesta de banho, repleta de sabonetes aromáticos e esponjas; um travesseiro de viagem inflável; e uma lata de feijões assados de Hogs Paw, Arkansas.

Laura balançou o chocolate na palma da mão, pesando-o, pensativa.

— Cara, tomara que ela goste dessa tartaruga. Está sendo difícil abrir mão dela.

De repente, Carrie abriu a porta de tela. Uma Coca-Cola com limão suava na sua mão.

— Jesus Cristo! — exclamou ela. — Vocês só chegaram há dez minutos e parece que uma bomba explodiu aqui dentro!

— É o nosso sistema — expliquei.

— Que tipo de sistema é esse? — Carrie lançou para Laura um olhar acusador. Ela segurava a Coca no alto, balançando o copo na direção de Laura. — Você não deveria estar ajudando?

Laura pareceu envergonhada e retrucou, na defensiva:

— Eu ajudo, sim! — Ela balançou as mãos, como se tentasse pegar alguma coisa sem saber o quê. — JT, vamos lá, entregue os presentes para ela. Viu, a gente abriu as malas para pegar isso. — Laura gesticulou para a pilha de presentes. — Olha só, essa tartaruga de chocolate é tão pesada que deixou uma marca no lençol!

Carrie suavizou a voz e disse:

— Ah, que fofo.

Ela se sentou na beira da cama, olhando os presentes. Quando chegou ao travesseiro de viagem, exclamou:

— Ah, eu estava precisando de um desses! — Ela começou a assoprar animadamente, até que, no meio de um sopro, apertou os olhos e parou, franzindo a testa. — JT, você parece uma empregada de cozinha. Quem está te vestindo?

Eu estava usando uma toalha de mesa reutilizada.

Laura balançou as mãos defensivamente de novo e retrucou:

— Eu não tenho nada a ver com isso. Ele se veste como quer.

— Ela não tem mesmo. Quer dizer, é verdade.

Dava para ver que Carrie estava tentando entender o que acontecia ali. Quem era essa Speedie, afinal? A Svengali da família? Uma assessora inepta? Ou uma assistente social exploradora, vestindo JT com trapos? Será que a tal Speedie estava roubando todo o dinheiro que JT trabalhava duro para ganhar?

O travesseiro já estava cheio, e Carrie o apoiou no pescoço girando a cabeça de um lado para o outro. Apontando para Laura, Carrie perguntou em um rosnado baixo:

— O que está havendo aqui? Para onde seu dinheiro está indo? JT, você está enfiando o dinheiro embaixo do colchão como a gente falou?

— Não está, não — respondeu Laura.

— Não estou falando com você — retrucou Carrie. — JT, você tem um conselheiro de finanças? Faz parte da Associação de Escritores?

— Não, ele não faz — interrompeu Laura.

— Você está respondendo por ele de novo! Por que *você* fica respondendo por ele quando nem consegue ajudá-lo com uma coisa tão simples quanto manter o quarto arrumado?

Comecei a tossir. Estava com uma tosse havia meses. Laura me enchia o saco para parar de fumar, e toda vez que eu tossia ela falava disso. Não dessa vez.

— Quer dizer, JT pelo menos tem uma desculpa! Qual é a sua? — perguntou Carrie, acusadoramente.

Laura abriu a boca para responder, mas, por mais estranho que fosse, a fechou de novo. Exasperada, Carrie continuou:

— Quer saber? Dane-se.

— Carrie, você tem razão. Concordo cem por cento. Tudo que você está dizendo é verdade. Ele precisa de ajuda. Orientação. Não posso fazer isso por ele. De certa forma, sou tão ferrada quanto ele. Foi por isso que a gente se encontrou.

Carrie apertou os olhos e falou para mim:

— Venha comigo lá para cima, JT. Vou achar umas roupas para você.

Ela me levou pelo caminho até a casa. Estava escuro e cheirava a madeira e couro. Era fevereiro, mas ainda havia uma árvore de Natal imensa no meio da sala. Atravessamos o cômodo, onde pilhas de manuscritos tinham sido deixadas na mesa de centro. Uma barra de cereais pela metade ainda estava na embalagem. Carrie deu a volta no sofá e me mostrou uma passagem escondida nos fundos. Ela ligou um interruptor e me mostrou um pequeno cômodo cheio de grafites psicodélicos.

— Imagino que Billie, quando entrar na adolescência, vai ficar enfurnada aqui o tempo todo.

No quarto, Carrie me levou até o closet e começou a procurar pelas gavetas. Ela jogou um suéter para mim, procurou mais um pouco e tirou uma casaca de lã lilás com detalhes em vermelho.

— Esse aqui eu mandei fazer em Hong Kong; você pode usar enquanto estiver escrevendo. — Ela encontrou sandálias de salto plataforma douradas e disse: — E essas ficariam ótimas em você.

— É, se eu quisesse imitar Bette Davis — respondi.

— Você não quer ficar mais feminino? Quer dizer, não é essa a ideia?

— Não exatamente. — É bem mais complicado que isso, pensei, triste.

Carrie era tão acolhedora e generosa comigo, o que me fez querer baixar a guarda, mas é claro que aquilo seria impossível com o segredo que eu precisava guardar. Tentei encontrar algo que pudesse fazer com que ela soubesse mais sobre mim do que os outros — em um momento de desespero, soltei:

— Quer ver meus peitos novos?

Imediatamente temi que aquilo fosse um erro. No passado eu nunca sequer ousara fazer isso, porque queria proteger JT e também porque me sentia ambivalente sobre meu corpo. Só que as coisas estavam começando a mudar. Eu já começava a sentir que não tinha nada a perder.

Ela inclinou a cabeça e tragou o cigarro. Com os olhos apertados, perguntou:

— Quando você fez a operação?

— Recentemente.

Gesticulei para que ela saísse do closet e gentilmente pedi que ficasse do lado de fora. Então voltei e tirei minha toalha de mesa e faixas de compressão. Peguei o suéter que ela me dera, planejando vesti-lo imediatamente depois do show, e o arrastei pelo chão como numa apresentação burlesca. Eu saí do closet e entrei no banheiro. Ela me seguiu. Eu empinei o peito, andando em volta como um pavão macho.

Naquela voz sem emoção, ela disse:

— Ficou ótimo.

Eu concordava. Talvez aquele fosse o início de algo. Talvez Carrie se importasse o suficiente para ser uma mãe adotiva de JT. Talvez JT e eu pudéssemos coexistir. JT tinha o corpo e a personalidade de Savannah, e eu tinha os dele. Nós nos misturaríamos, talvez até envelhecêssemos juntos.

Nossa primeira reunião em Hollywood foi com um produtor que queria que JT escrevesse o roteiro de uma história sobre Joan Jett e a banda The Runaways. Brian, o agente de JT e de Asia, tinha marcado outras reuniões também. Parecia que JT estava escrevendo tantos artigos e tinha recebido tanta atenção da mídia que havia entrado no coração de Hollywood. Produtores finalmente tinham descoberto quem ele era, o que ele significava e o que suas palavras e sua reputação poderiam trazer para um projeto. Escrever para Hollywood parecia o próximo passo óbvio para JT. Tudo tinha levado àquilo. Eu entendia a importância dessas próximas reuniões para Laura. Mas também me perguntava como isso poderia continuar quando JT recebesse ofertas de trabalho. E se ele conseguisse um contrato escrevendo para uma série de TV? Esse tipo de trabalho exigiria que JT estivesse lá em carne e osso. De repente me senti muito assustada: minha vida desapareceria de uma vez por todas. Eu daria mais que meus peitos ao JT. Eu seria sempre uma marionete controlada por Laura sussurrando em meu ouvido.

Encontramos o primeiro produtor em uma famosa delicatéssen judaica. Estava calor, e passamos vinte minutos procurando uma mesa vazia. Quando finalmente nos sentamos, o produtor confessou:

— Tenho que ser sincero, JT: não li seus livros, só os artigos. Mas dá para ver que você combina com esse projeto. — Ele era bronzeado e careca, com sobrancelhas fartas e um visual que era profissional e casual ao mesmo tempo. Estava com um colete de lã por cima de uma camisa social branca com as mangas dobradas.

Laura bebeu um gole da água gelada.

— Bem, o que dá para sacar intuitivamente só de ler um pouquinho do trabalho dele é que JT sempre encontra o arco emocional da história. Ele sempre vai a fundo. — Ela apontou para a parte mais branca da parte de dentro do braço, como se indicasse as veias.

— JT está se transformando em uma celebridade com reconhecimento — adicionou Brian. — Quando alguém lê o nome dele, sabe que o projeto é diferente, interessante e original.

Laura assentiu.

— A gente soube que o JT tinha chegado a um novo patamar quando a Coca-Cola quis pagar por sua presença numa festa deles. Mas, mais do que isso, JT está interessado em pegar problemas do espírito e da alma e transformá-los em arte. Ele não está interessado em cultura pop, quer escrever coisas que vão sobreviver ao teste do tempo. Essa é a questão: existe um arco emocional na história do The Runaways? — Laura ergueu as mãos, balançando-as como duas mariposas e pousando-as suavemente na saia de seda. O produtor ergueu as sobrancelhas, observando-a. Laura continuou: — Você devia ler os livros. Tem que começar com *Sarah*, depois seguir para *Maldito coração*. Na verdade, será que deveria ler *Harold's End* entre um e outro? — Ela olhou para mim como se pedisse permissão. Concordei por detrás dos óculos. Sim, ele deveria. Eu tinha ficado com preguiça de usar a peruca naquele dia. Só tinha enfaixado o peito e colocado o suéter de Carrie.

— Eu acho que existe, *sim*, um arco emocional entre as garotas — considerou o produtor. — Tenho certeza de que existe. Mas, JT, digamos que você comece a escrever e daqui a seis meses desista e me diga: "Não dá, não tem um arco emocional aqui." O importante é que tenha tentado, entende? Não tem problema. A gente acredita no seu trabalho. Estou te dizendo, nós dois combinamos. — Ele fez um gesto para todos na mesa e repetiu: — *Nós combinamos.*

— Bem, JT não quer aceitar um projeto só porque você acha que *talvez* vá funcionar — retrucou Laura. — Quer dizer, para quê? Para que gastar tanta energia para descascar uma história só para acabar descobrindo que não tem noz dentro?

— Malditos esquilos — murmurei, e Laura e eu rimos.

O produtor riu com a gente e concordou:

— Certo. Bem, você tem razão. Mas o que quero dizer, JT, é que eu gostaria de trabalhar com você. E existem muitas nozes por aí. A gente pode abrir uma de cada vez.

Brian nos levou de carro à casa de Carrie no fim do dia. Laura e ele passaram toda a viagem de volta fazendo planos animadamente.

— JT está bombando demais! — exclamou ela.

— Antes que a gente se dê conta, Hollywood vai estar estendendo o tapete vermelho para ele — concordou Brian.

— JT está em contato com David Milch. Eu amo *Deadwood*. — Laura já estava mudando da terceira para a primeira pessoa sem medo. Tudo já estava tão casual. — *Deadwood* é uma parada tipo Shakespeare.

É tão bom. Eu mandei um e-mail para eles ontem. Aliás, Brian, JT quer entrar para a Associação de Escritores. Foi uma sugestão da Carrie. Como fazemos isso?

— É fácil — começou Brian. — É só...

Eu estava no banco de trás, deixando meu corpo balançar e se equilibrar conforme Brian acelerava pelas colinas no seu Audi. Tudo parecia tão fácil e completo. Chegava a ser surreal. Atrás de nós, as ruas de Los Angeles começavam a se incendiar e brilhar em vermelho e laranja.

Na porta de Carrie, nos despedimos de Brian e seguimos o caminho até nossa cabaninha. A porta de tela bateu às nossas costas. Começamos a trocar de roupa, arrumando-nos para passar um tempo com Carrie na casa principal. Laura agarrou meu braço e sussurrou:

— Espera. Como você explica esse barulho?

Ela foi até a porta, abriu-a e fechou-a de novo e de novo, de olhos fechados, inclinando o corpo, puxando a porta de um lado a outro em um ritmo lento. Do lado de fora, grilos cantavam alto. No carvalho, as placas balançavam e as luzes de Natal piscavam, seu brilho colorido refletindo sombras estranhas na grama úmida de orvalho.

Quando chegamos à casa principal, já havia várias pessoas relaxando na sala de estar. Carrie adorava receber amigos. Ela havia pedido um banquete de comida chinesa. Todos sempre pareciam tranquilos, sem aquelas formalidades ou brincadeiras sem graça das festas que passei a conhecer tão bem. Era como se todos estivessem vivendo por um tempo na casa dela; todos eram da família.

Conhecemos Harper, que em geral viajava com a namorada, Seven, uma garota baixinha com uma voz rouca; Charlie Wessler, o produtor dos filmes dos irmãos Farrelly; a ex de Al Pacino, Beverly D'Angelo, belamente vestida em um terno de linho; e Sean, filho de John Lennon. A campainha tocou, e logo Sean Lennon estava apresentando sua acompanhante, uma garota usando um vestido feito de lenços. Ele esvaziou o aparelho de som de Carrie e colocou seu novo álbum para tocar, *Friendly Fire*, passando a capa com um close-up do seu rosto para vermos.

Um cara alto entrou sem bater e limpou os pés no capacho. Era careca e tinha um rosto fechado. O sujeito se apresentou como Bruce, indo em seguida até Carrie e pegando-a no colo. Os dois começaram a cantar uma música sobre "Me chupa enquanto cago sangue" em um estilo cabaré.

— Acho que eles são próximos — brincou Laura.

— Ah, eles são amigos há séculos — explicou Harper, logo virando-se para Seven e dizendo: — JT e eu conversamos sobre escrever uma música juntos.

Sem nem pensar, respondi:

— Não sei se posso mais fazer isso. Eu sei que a gente falou sobre o assunto por telefone, Harper, mas não sei se é uma boa ideia.

— A gente passa um tempo juntos e deixa as coisas rolarem. Vai ser legal.

— Sei lá. Talvez seja melhor fazer pelo telefone depois — insisti, sentindo um pouco do antigo nervosismo voltar.

Eu não sabia escrever música. Isso era a área de Laura.

— Vai ser ótimo! — exclamou Laura, dando um tapa em meu ombro. — Vocês deviam fazer isso na piscina amanhã.

Certo, pensei. Vamos nessa, então.

— Tá bom, podemos tentar na piscina amanhã.

Laura começou a conversar com Bruce, e eles pareceram se dar bem, conversando e gesticulando sobre a comida chinesa que tinham consigo.

Por cima da própria voz suave que saía do aparelho de som, ouvi Sean falar para a garota:

— Escrevi a maior parte dessas músicas tarde da noite. Pensando bem, já era manhã no Japão.

Laura e Bruce voltaram da cozinha, e ela foi até Carrie, sussurrando-lhe algo.

— Jura? — respondeu Carrie com desdém.

Eu não sei sobre o que eles falaram na cozinha, mas parecia que Laura queria que Carrie soubesse que seu amigo a havia achado interessante e cativante. Achei um tanto sem jeito a forma como ela foi direto para Carrie falar sobre isso — também pensei em Geoff, mas não estava em posição de julgar ninguém. Parecia que Laura queria se redimir aos olhos de Carrie, além de se divertir um pouco. Laura e Bruce continuaram conversando e sorrindo, ela dando umas risadinhas, e vi Carrie revirar os olhos, sem energia para aquilo.

Enquanto assistíamos a um episódio de *Deadwood*, Laura falava sem parar sobre o programa e sobre como o criador David Milch era brilhante. Carrie mudou de canal para *Lost* e logo começou a zoar Laura, dizendo:

— Estão vendo aquela pedra? Aquela pedra e eu somos muito íntimas pelo telefone! Eu saí com aquela pedra domingo passado!

Laura reclamou, a voz aguda:

— Eu não falei isso para me gabar. — Ela soou frustrada.

— Não estou fazendo isso para te deixar chateada. É que é muito fácil te provocar.

Logo o grupo cansou de assistir à TV e foi para a sala brincar com jogos de tabuleiro.

A televisão e a comida chinesa me colocaram em um torpor flutuante. Logo eu tinha desmaiado na cama de Carrie, enrolada em um cachecol longo. Acordei às cinco da manhã, uma luz cinzenta sendo emanada pela TV silenciosa. Uma poltrona dos anos 1960 feita de plástico transparente balançava sem fazer barulho na luz na lareira. Chutei um cobertor que alguém havia colocado em mim e fui na ponta dos pés até o banheiro lavar o rosto, passando pelo corpo adormecido de Carrie. Sob as cobertas, ela estava em sono profundo, respirando pesado, os olhos se movendo sob as pálpebras. Lavei o rosto. O cachecol tinha deixado marcas fundas na pele do pescoço. No silêncio me encorajei a aproveitar aquele momento. Ainda sou eu. Ainda posso olhar para fora e ver o mundo pelos meus próprios olhos. Corro o risco de em breve me esquecer de como fazer isso. Ponderei se deveria voltar ou não para o bangalô, que parecia incrivelmente distante, então subi na cama de Carrie de novo e voltei a dormir, pensando em como eu acordaria e me sentiria pronta para escrever uma música com o filho de Paul Simon.

Quando finalmente despertei, o sol entrava pela porta de correr. Eram 11h30 da manhã. Saí para a sala de estar, que não tinha ninguém.

Ouvi uma música do lado de fora, no jardim. Frank Sinatra. Abrindo a porta, vi um homem corpulento de short de exercício azul e uma camisa polo amarela, as mãos nos quadris enquanto ele contava em voz alta:

— Vinte, vinte e um, vinte e dois...

No chão, ao lado do treinador, Sean estava fazendo abdominais, bufando sonoramente. O treinador sorriu e explicou:

— Estou preparando ele para a turnê de *Friendly Fire*. — Sean usava uma faixa na cabeça, e sua testa brilhava de suor. Ele se remexia no chão enquanto o treinador assentia com o ritmo dos abdominais, contando: — Trinta e três...

— *That's why the lady is a tramp!* — anunciava Sinatra.

Do outro lado, Carrie caminhava em uma esteira, balançando a cabeça junto com as pernas, cantando junto:

— *Laaaaaaady!*

Havia uma Coca diet e um controle remoto ao seu lado. As Olimpíadas passavam na TV, sem som.

— Tem panquequinhas com chocolate na cozinha, Van Winkle — anunciou ela.

— Nem me fale delas agora — reclamou Sean.

Carrie ergueu a mão da esteira e apontou para mim, para enfatizar.

— E eu vou te levar a um médico para ver essa sua tosse feia.

Garota Garoto Garota

LAMBI O TRICENTÉSIMO SELO, SENTINDO a língua pesada com a cola. Minha amiga Brenda e eu estávamos enviando os anúncios do nosso evento em Nova York. Tínhamo-nos juntado a vários outros designers independentes e alugado um lounge no Sheraton, bem ao lado de um dos grandes eventos de moda. Nossa esperança era que os compradores ficassem tentados a dar uma olhada nas nossas peças.

Meu celular tocou. A tela anunciava "número privado".

— Alô — falei, minha língua grudando no céu da boca.

— Olá, Savannah — respondeu um homem de voz grave. — Você sabe quem é?

Ele falava em um ritmo exageradamente lento, como um stalker de filme de terror de quinta categoria.

— Não — respondi devagar.

— É Warren St. John. — Senti um frio na barriga.

O repórter do *New York Times* que eu conhecera no ano anterior como JT estava me chamando pelo meu nome verdadeiro.

— Ok... — respondi depois de um segundo, indo para o escritório ao lado.

Como ele tinha conseguido o meu celular? Quem dera meu número para ele?

— Tem alguma coisa que você queira me contar?

— Não — respondi de novo, com uma voz aguda.

— Eu tenho uma foto sua, Savannah — disse ele, a voz ainda mais grave. — Sem as perucas, sem os óculos. Tenho mostrado essa foto para várias pessoas próximas a você. Todas concordam que a pessoa na foto é JT.

Ele parou, saboreando o que tinha acabado de dizer.

Ele parecia muito assustador, totalmente diferente de quando eu o conhecera, ocasião em que o achei simpático e tranquilo. Warren me arrastara, junto com Geoff, Laura e Holli Pops, de um lado para o outro em Nova York para um almoço tardio. Tudo estava fechado. Por fim, ele nos levara a um restaurante japonês barato, as paredes pintadas de verde-menta. Tinha pedido para que sentássemos com um gesto envergonhado.

Comendo tigelas de arroz japonês, respondi suas perguntas em poucas palavras.

— Era Jeremiah. Mas aí nas ruas os amigos começaram a me chamar de *Terminator*, de "exterminador", sabe, tipo meio irônico. Aí virou JT. — Peguei uma fatia de peixe molenga e dei uma olhada em Laura, que mastigou e engoliu antes de completar.

— JT já me contou que quando ele começou a usar as iniciais, mandou uma carta para Art Spiegelman assinada "JT, *Terminator*" e Spiegelman respondeu assinando "*Ruminator*".

Warren tinha anotado todos esses detalhes avidamente. Depois, o levamos para assistir a um ensaio da banda de Geoff, Thistle, em um cômodo coberto de espelhos. Ele escreveu um artigo de duas páginas muito elogioso para a seção de estilo do jornal.

No telefone, Warren continuou:

— Savannah, quantos anos você tem? — Ele parecia gostar de repetir meu nome.

— Vou fazer 25 — murmurei. JT e eu tínhamos a mesma idade, então pareceu seguro responder isso.

— O quê?

— Vinte e cinco — repeti, irritada.

— Bem, sugiro que você arrume um advogado. As pessoas estão putas. Muitas pessoas vão ficar putas. — Ele falou as palavras a seguir lenta e deliberadamente: — O artigo sai segunda-feira e as pessoas vão querer explicações. Sugiro que você fale por si mesma. Agora, eu gostaria de te fazer algumas perguntas.

— Não sei do que você está falando — cortei depressa.

Aquele não era o momento de começar a falar por mim mesma.

— Acho que sabe muito bem — comentou ele. — Você tem até hoje à noite. — Ele começou a recitar seu número de telefone.

Eu fingi que estava anotando. Fiquei pensando em Laura. Ele devia ter ligado para ela antes. Será que ela dera com a língua nos dentes?

— Seria uma boa ideia você falar por si mesma. Você vai ter muita gente puta exigindo explicações, e provavelmente vai ter que enfrentar...

— Olha, eu não preciso disso na minha vida agora — interrompi e desliguei na cara dele.

O telefone tocou de novo quase de imediato, e o joguei no sofá como se o aparelho tivesse me mordido. Corri para desligá-lo enquanto ele vibrava ameaçadoramente.

Liguei para Laura do telefone de Brenda.

— Ele me falou para arrumar um advogado! — gritei.

— Ah, não dê ouvidos a isso. Você admitiu alguma coisa?

— Não, não, acho que não — respondi, fungando. — Ele falou as mesmas coisas para você?

— As mesmas ameaças, mas específicas para a minha vida... O que vai acontecer com Thor, Geoff, minha mãe... Basicamente as ameaças planejadas para se alinharem com os meus piores pesadelos. Escuta, não se preocupa. Você pode não ser mais JT, mas nada prova que não foi você que escreveu os livros. Quem disse que não poderia ser você? — perguntou ela, ansiosa.

Ela ainda queria que eu dissesse que escrevi os livros? Fiquei lisonjeada que ela achasse que eu poderia ter feito isso, mas também estava confusa. Ela queria que eu continuasse com a história toda?

— Você pode vir aqui amanhã de manhã? — perguntou Laura.

— Tá — respondi. — Chego aí às dez.

Passei a noite na casa de Brenda. Assim que acordei, fui de bicicleta até o apartamento de Laura. Tinha chovido na noite anterior. Parei no caminho para comprar um café e o *New York Times*. Enquanto tomava um gole escaldante do café ruim, dei uma olhada furtiva para o paquistanês atrás do balcão, que assistia a um musical indiano e mordia sementes de abóbora com os dentes da frente. JT tinha chegado à primeira página da seção de estilo de novo. Meus dedos tremiam ligeiramente enquanto li o artigo de Warren. Indignada, enfiei o jornal na mochila e segui meu caminho.

Toquei a campainha e esperei a resposta da Laura. Do topo da escada, ela gritou:

— Quem é? Espera aí!

— Sou eu! — gritei de volta, olhando ao redor.

Ela abriu a cortina de tie-dye na parte de baixo da porta de vidro, verificando os meus sapatos como sempre.

Escondendo-se atrás da porta, ela me mandou entrar correndo, como se tivesse um vento forte. Ela me abraçou e disse:

— Coisinha. — Suas mãos seguraram meus cotovelos e ela suspirou. — Talvez seja melhor acabar com essa história toda.

Sem nada melhor a dizer, sussurrei:

— Faz tudo parte da jornada.

— Brincando nos campos do Senhor — completou ela de imediato. Depois mudou de tom. — Geoff está oficialmente fora. Ele está ameaçando ligar para Warren e contar tudo.

— Não! Isso não faz sentido! Por quê?

Ela ergueu os olhos para a escada.

— Não sei. Ele está muito puto comigo.

Geoff se mudara alguns meses antes. Ele tinha ficado de saco cheio do paradigma criado por Laura na casa. Disse que não aguentava mais viver com JT. Eu entendia seu sentimento, mas não conseguia acreditar que ele trairia Laura, que ligaria para o *New York Times*. Mais tarde, foi o que ele fez, quando pareceu que havia uma possibilidade de Laura manter JT vivo, mesmo depois de tudo.

— Ele está aqui? — perguntei.

— Não, ele veio ontem para pegar os equipamentos. Ficou trovejando pela casa, dizendo "acabou o show!", como se estivesse feliz com isso. Nem parece a pessoa que eu conhecia.

A chaleira apitou. Segui Laura para a cozinha no andar de cima. Ela abriu a porta da geladeira, uma das mãos no quadril, e falou:

— Essa história toda me faz voltar a ter vergonha. Estou com vontade de desaparecer. — Então, com a costumeira alegria de oferecer coisas, completou: — Quer chá?

— Claro, aceito.

— Quer comer alguma coisa? Tem maçã... E sobras do restaurante macrobiótico, um pouco de pudim de chocolate vegano. Posso fazer ovos...

— Não — falei, baixinho. — Acho que não consigo comer agora. Estou bem.

— Você está melhor que bem, Coisinha — retrucou ela, com um sorriso triste.

Ela pegou o leite de soja e o colocou no balcão, fechando a porta com um empurrão.

— Já recebi vários e-mails. Algumas pessoas estão deixando suas intenções muito claras. Vai ser uma caça às bruxas.

Fiquei observando enquanto ela despejava água quente na caneca manchada dos Patriots, perguntando-me se as pessoas ficariam mesmo tão putas quanto Warren tinha dado a entender. O artigo citara algumas delas, que certamente estavam irritadas. Pensei em todos que havíamos conhecido. E, é claro, pensei em Asia. De repente me lembrei de que o filme dela seria lançado nos Estados Unidos em poucas semanas, arrependendo-me na hora de não ter contado a ela a verdade naquela noite no Ritz, para que não precisasse descobrir dessa maneira.

— Acho que eu sabia que isso ia acontecer — continuou Laura. — Como se já estivesse tudo em *Sarah*. Essa é a caçada, a parte no final em que o menino está nu na floresta.

Parei, tentando lembrar como o livro terminava, então ri.

— JT não podia ter terminado em um sofá, com um vestido de festa, comendo bombons e recebendo uma massagem relaxante em vez disso?

Laura gargalhou, depois suspirou, com lágrimas nos olhos.

— Não, teria sido um final chato.

Fui até o armário e peguei a caneca do Cheat River, enchi de água quente, depois a segui pelo corredor escuro até o escritório, ajeitando-me nas almofadas rasgadas do sofá.

Empurrei as coisas do JT para o lado: um monte de papéis soltos, livros e revistas, embalagens de chocolate e uma pilha de brinquedos variados ainda nas caixas, que Laura sempre guardava para dar de presente. Tentando organizar aquela bagunça, Geoff tinha montado prateleiras, que iam até o teto e estavam lotadas. Ele chamava Laura de acumuladora, dizendo que só pessoas com problemas mentais conseguiriam viver daquele jeito e que ele não aguentava mais. As cortinas cor de vinho estavam fechadas, como sempre, e o carpete era um mar de notas fiscais, cupons e recortes de jornal. Eu sabia por que ela guardava aquelas recordações; cada uma era um fragmento da existência de JT. Jogar fora um artigo ou uma carta era, para ela, como cortar a mão ou um pedaço do coração de JT e jogar no lixo.

Laura leu partes dos e-mails que tinha recebido desde que o artigo tinha saído no jornal naquela manhã. Alguns amigos tinham enviado mensagens de apoio, mas a maioria era acusador: "Laura, você explorou nossa empatia para ficar famosa e conhecer celebridades." CNN, BBC, *The Guardian* e *Associated Press* tinham ligado. Steve Garbarino já se oferecera para contar a versão dela da história na *Vanity Fair.*

— Asia falou alguma coisa? — perguntei.

— Ela disse... — respondeu Laura, desviando o olhar de mim envergonhada — ... que vamos ser eu e ela no tapete vermelho na estreia de *Maldito coração.*

— Sério? — Eu ouvi minha voz ficando mais aguda.

— Eu não acho que a gente deva ir agora, né? — Laura completou rapidinho.

— Acho que não — respondi, a garganta ardendo de mágoa. Agora entendia como Laura se sentiu todos esses anos, quando as pessoas diziam a JT para se livrar de Speedie. Era isso que ela sempre tentou me explicar. — Bem, que bom que ela não liga, né? — perguntei numa voz engasgada.

— Ela foi super profissional — comentou Laura, tentando me reconfortar.

— O que acha que vai acontecer? — perguntei, mal esperando uma resposta.

Fiquei me perguntando como Laura emergiria no mundo sem JT para protegê-la. O brilho da tela se refletia em sua pele pálida.

— Acho que podemos continuar — respondeu ela, confiante. Laura parecia estar falando mais consigo mesma do que comigo. — Como falei, ninguém pode provar que você não escreveu os livros. Você diria que escreveu os livros, não?

— Hum, é, acho que sim.

Por um lado, isso me parecia loucura. A dedicação de Laura me impressionava. O que eu via como um navio afundando ela via como um pequeno furo que poderia ser remendado.

A gente deveria ter imaginado que o fim estava próximo quando, alguns meses antes, a *New York Magazine* publicou um artigo chamado "Quem é o verdadeiro JT LeRoy?". Stephen Beachy, o autor, estava convencido de que Laura havia criado JT. Ele escreveu que a única informação que faltava era a identidade da pessoa que interpretava JT. Fui batizada de "Perucas e Óculos". Quando o artigo saiu, fiquei me perguntando se JT continuaria sua vida como se nada tivesse acontecido. Por incrível que pareça, foi exatamente assim. Ele continuou escrevendo suas críticas de restaurantes e colunas mensais. Laura não deixava JT ir a Los Angeles tantas vezes, mas de muitas formas ela parecia ter criado ainda mais coragem com a verdade. Outra vez Laura seguia sua máxima: é preciso mergulhar ainda mais fundo.

Quando o artigo da *New York Magazine* foi publicado, dezenas de amigos de JT o defenderam. Eu gemia ao ler as mensagens de apoio, pensando na bagunça que seria quando a verdade viesse à tona. A última coisa que Laura e eu tínhamos feito enquanto eu era JT foi conhecer Robert Wilson, o dramaturgo e diretor de teatro avant-garde, que convidara JT para fazer um retrato em vídeo. Laura entrou com uma reverência e se apresentou a todos como JT, e todos rimos, ao mesmo tempo chocados e achando graça.

Nós não nos preparamos para o momento em que JT fosse desmascarado. Não queríamos que aquilo acontecesse.

A campainha tocou. Eu estava sentada no sofá, ainda concentrada nas pilhas de papel espalhadas pelo chão, e Laura olhou do computador para mim. Lentamente ela se levantou e foi até a escada aos poucos e com cuidado. Estava usando uma calça de pijama larga xadrez azul e uma camiseta de gola canoa. Seus ombros se encolheram em uma postura de proteção. Dava para ver sua nuca pela gola da camiseta quando ela cantarolou:

— Quem é?

Uma mulher de voz forte e confiante respondeu:

— Sou jornalista do *San Francisco Chronicle*. Estou procurando Laura e Geoff.

Laura se virou e sussurrou para mim:

— Eu malhava com ela na academia. — Imaginei uma mulher de roupa de ginástica, esperando no portão lá embaixo. Laura ajeitou a touca de dormir que sempre usava dentro de casa, puxando-a mais para baixo como se fosse um soldado se preparando para a batalha. Erguendo a voz, ela continuou: — Eles não estão aqui. Se mudaram para Mendocino.

— Você tem um telefone em que eu possa falar com eles?

Laura deu o seu número de fax.

— Desculpa, um carro passou, você pode... — gritou a mulher.

Laura berrou os números de novo, acrescentando:

— Pega eles! Eles têm que enfrentar as consequências!

Seus olhos brilhavam. Eu, de pé no topo da escada, me remexi, nervosa.

— Não acho que essa é uma boa ideia — falei, ansiosa.

Mas Laura não era de deixar esse tipo de oportunidade passar. Uma vez punk, sempre punk. A jornalista falou, sem gritar dessa vez:

— Será que a gente pode conversar? Tenho alguns docinhos maravilhosos comigo.

— Não, estou muito ocupada agora — retrucou Laura às pressas.

Nós nos entreolhamos, repetindo "Docinhos?" em silêncio. Aquela mulher não tinha feito bem o dever de casa.

— Bem, se você mudar de ideia, vou deixar meu número aqui embaixo do portão.

Nós ficamos ouvindo, atentas, enquanto alguns carros passavam.

Laura, com um sotaque sulista, balançou o braço animadamente e falou:

— Eu daria minha história de vida inteira por uns docinhos!

*

Quando me despedi de Laura, assegurei-a de que ligaria se visse alguém parado na entrada. Peguei minha bicicleta, sem perceber sinal de repórteres. No entanto, conforme eu me aproximava do centro, avistei um helicóptero sobrevoando alguns quarteirões à frente. Quando fiz uma curva, ele virou na mesma direção. Segui por uma rua de mão única, fugindo do meu caminho usual. O helicóptero parecia um cão de caça, farejando a pista com o focinho. Dei meia-volta, cruzando a linha do bondinho com cuidado, e me enfiei em uma lojinha de bugigangas chamada The China Bazaar. Lá dentro, eu ouvia o zumbido do helicóptero acima do motor dos carros. Uma fileira de discos brilhava como uma miragem. Liguei para Laura pelo celular.

— Oi, sou eu. Acho que tem um helicóptero atrás de mim.

— Como assim? Quando ele começou a te seguir? — perguntou ela.

— Acho que estava de tocaia perto do seu apartamento.

— Merda. Sabia! Ouça os seus instintos.

Desliguei meu celular e me virei, levando um susto ao ver um homem magro, de chinelos, atrás do balcão. Fingi avaliar os potes plásticos verdes e sorri para ele, que respondeu com um aceno de cabeça. Peguei um espeto de bambu de uma cesta, embrulhado em uma bolsa plástica cheia do que pareciam ser pequenas águas-vivas. Girei aquilo para ver melhor, e o homem explicou:

— Para dar sorte.

Quando o som do helicóptero pareceu diminuir, larguei o objeto e saí da loja.

Ao chegar ao meu prédio, passei por dois caras consertando as grades de cobre ornamentadas no saguão. Perguntei a Will, o porteiro:

— Qual é a do helicóptero?

Um dos homens, equilibrado em uma escada, respondeu antes mesmo de Will tirar os olhos do jornal:

— Ameaça de bomba no Civic Center.

— Ah — falei, um pouco desapontada e assustada com a minha própria paranoia. — Alguém veio perguntar por mim?

Will pegou uma asinha de frango gordurosa de um prato xadrez e começou a morder.

— Não, ninguém.

— Se uma mulher aparecer me procurando, você pode dizer que não estou?

Will lambeu os dedos e os secou na página de esportes do jornal, depois ergueu os olhos para mim e respondeu:

— Claro, posso sim.

Eu meio que esperava que me perguntasse o motivo, mas estava claro que ele não se importava. Acho que Will não era leitor do *New York Times*.

Subi a escada devagar e entrei no escritório, trancando a porta às minhas costas. Deitei-me do lado de uma queimadura de ferro no carpete de poliéster e fiquei olhando para o teto. Se alguém, outro jornalista ou um fã irritado, aparecesse e batesse na porta, eu ficaria deitada, quietinha, e esperaria ele ir embora. Eu não tinha ideia do que dizer.

Queria simplificar meus sentimentos, dizendo a mim mesma que estava feliz que aquilo tivesse acabado, livre de dor ou arrependimento. A experiência toda fora uma mentira contagiosa, que se espalhou e complicou e obstruiu o que eu queria da minha vida. Balancei a cabeça e pensei: "Que alívio que isso tudo chegou ao fim!" Não havia mais desculpas para não conseguir trabalhar. Não teria mais que dizer ao grupo de capoeira que não poderia comparecer a uma apresentação por conta de um tratamento de canal ou uma consulta médica. Depois de tantas mentiras, eu tinha total consciência de que ninguém mais acreditava nas minhas desculpas. Todos sabiam que não podiam contar comigo. Viver uma vida dupla tinha exigido demais de mim. Eu havia colocado a tarefa de ser JT — que no início concordara com reservas, achando que seria um experimento único ou eventual — no topo das minhas prioridades. Por que fiz isso? Ser JT significava viver no momento. Era uma mudança empolgante da vida normal. Ele tinha acesso a um mundo tão além do que eu achei que pudesse ver. E a dor dele era facilmente identificada, aceita por todos que cruzavam seu caminho. Suspirei fundo ao admitir uma verdade mais profunda a mim mesma: as contradições de JT agora eram minhas. Eu tinha passado a confiar nele para extrapolar os limites de quem eu era. E me tornara tão viciada nisso que não sabia como viver sem ele.

É estranho pensar em quanta energia as pessoas colocaram na existência de JT. Por causa dessa energia coletiva, era como se JT tivesse se tornado um ser diferente, separado de mim ou de Laura. Não é de estranhar que as pessoas tenham se sentido traídas.

JT reunira emoções e pensamentos entre Laura e eu como um túnel invisível. Havia se tornado tão satisfatório conciliar nossa vida. De certa maneira, Laura, JT e eu descobrimos uma nova forma de comunicação. Agora nossa trindade estava destruída. Na verdade, eu estava me preparando para perder duas pessoas. Eu temia que, com a perda de JT, Laura logo sumisse também. Fiquei preocupada quando ela disse que queria desaparecer. Eu gostaria que ela encontrasse uma forma de viver como si própria e ser reconhecida como escritora. Também receei que nossa amizade tivesse acabado. Agora que não estávamos mais conectadas por JT, ela não me quereria mais. Ela me deixaria para trás. Parte de mim queria ter se afastado daquilo tudo antes. Só que, por outro lado, eu nunca estaria pronta para me despedir dele; nunca teria sido a hora certa. Na verdade, eu não tinha ideia do que seria minha vida sem JT.

No chão do escritório, senti algo quente na virilha, e percebi, surpresa, que minha menstruação tinha descido antes do previsto. Fiquei ali, paralisada. Depois de anos reclamando de como JT me distraía da minha própria vida, agora tinha que encarar a mim e a meus anos de fracassos, criar algo só meu. Observei, grata, os alfinetes presos no carpete, os nós de linha e trapos de tecido cobrindo o chão. Amanhã de manhã, pensei, vou desenhar os moldes de uma calça e a estampa de uma camisa. Vou procurar fábricas de tecido e botões. Vou sentir falta de JT. E vou me lembrar dele com carinho enquanto aprendo a viver na minha pele.

Agradecimentos

Gostaria de agradecer às pessoas na minha vida que tornaram este livro possível: Hennessey, Sharon, Laura, Geoff, John e todos os familiares e amigos que me apoiaram nesse momento. Um agradecimento especial a Mary Ellen Mark.

Obrigada a Mick Rock, Juergen Teller e Angela Scrivani.

E àqueles que ajudaram no processo de criação de *Garota garoto garota* — Martha Kaplan, Amy Scholder e todos na Seven Stories Press —, obrigada por acreditar em mim.

Impresso no Brasil pelo
Sistema Cameron da Divisão Gráfica da
DISTRIBUIDORA RECORD DE SERVIÇOS DE IMPRENSA S.A.
Rua Argentina, 171 – Rio de Janeiro, RJ – 20921-380 – Tel.: (21)2585-2000